JN223181

初めての
社会福祉
法人会計

公認会計士・税理士 **岩波 一泰** 著

税務経理協会

はじめに

社会福祉法人とは、社会福祉事業を行うことを目的として、社会福祉法の規定に基づき設立された法人をいいます。株式会社の場合、事業活動の結果として獲得した利益から株主に対して配当が行われます。これに対し、社会福祉法人においては、剰余金からの配当は禁止されています。これが、社会福祉法人が非営利法人に属する法人である所以です。この配当が可能かどうかという違いは、営利追及を目的とする株式会社の会計と非営利法人に属する社会福祉法人の会計との違いに繋がります。

また、株式会社、社会福祉法人を含めた多くの事業体の会計は、複式簿記の考えに基づいています。複式簿記とは、一定の原理・原則に基づき会計帳簿の記帳等を行う考え方です。そのため、複式簿記を理解するためにはこの一定の原理・原則を理解する必要があります。一般に簿記が難しいと考えられている理由は、複式簿記における一定の原理・原則が難しく、理解するのに時間を要すると考えられているためです。

私は、平成28年から毎年、社会福祉法人埼玉県社会福祉協議会において経験年数３年以下の職員を対象とし、簿記の基本的な考え方、社会福祉法人の会計における基本的な考え方等に関する研修会の講師を担当してきました。その研修会の参加者から講義の復習のためのテキストがあれば理解が深められる旨の話がありました。そこで、その研修会でお話している簿記の基本的な考え方、社会福祉法人の会計における基本的な考え方等を整理させていただいたのが本書になります。

本書では、初めて会計記帳業務を行う方を対象に複式簿記の考え方を説

明すると共に、社会福祉法人における具体的な仕訳処理等について説明を行いました。そのため、株式会社等で既に会計記帳業務を行った経験がある方で、初めて社会福祉法人の会計記帳業務に携わる方は第2章より読んでいただければと思います。

　具体的な本書の構成は、以下のとおりです。
　第1章　会計とは何かを説明し、複式簿記を理解するために重要な考え
　　　　方の説明等
　第2章　社会福祉法人における日常取引を中心に設例に基づく仕訳例
　第3章　社会福祉法人特有の取引を中心とした仕訳処理等の解説
　第4章　経理担当者の日常業務
　第5章　決算業務

　本書が、初めて会計記帳業務を行う方、初めて社会福祉法人の会計記帳業務を行う方の実務の一助になれば幸いでございます。

　最後に、本書の刊行に際して、企画段階からご尽力いただいた税務経理協会の大川晋一郎氏に感謝の意を表したいと思います。

　令和元年9月

公認会計士　税理士　　岩 波 一 泰

目　　次

第3章　社会福祉法人における具体的な仕訳処理（応用編）

第4章　経理担当者の日常業務

第5章　決算業務

ちょっと一息

第1章
会 計 と は

初めて経理担当に任命された方向けに、会計とは何か、複式簿記とは何か、仕訳処理に関する基本的な考え方、社会福祉法人会計特有の考え方について解説をしました。

なお、社会福祉法人での経理業務は初めて担当するものの、株式会社等での経理業務の経験のある方は、概要の確認を行っていただければ十分な内容です。

Q1 会計って何ですか

　会計とは、情報を提供された者が適切な判断と意思決定ができるように、経済主体の経済活動を記録・測定し伝達する手続をいいます（引用文献；『財務会計論』飯野利夫著、同文舘）。

「情報を提供された者」＝　直接的又は間接的に関係する人々
　　経営者　……　どのような事業を展開していくか。
　　株主　　……　儲かる会社か（株を買って、損することがないか）。
　　債権者　……　貸したお金が回収できるか。

「記録」＝　簿記
　　単式簿記　……　一定の原理・原則に基づかず、現金出納帳や家計簿のように金銭の受け払いを中心に、例えば日付順に記録・計算を行う。
　　　　　　　　　　　例）お小遣い帳、家計簿等
　　複式簿記　……　一定の原理・原則（貸借平均の原理等）に基づき、組織的に記録・計算を行う。

「測定」＝　お金で表す。

「伝達する手段」＝　貸借対照表、損益計算書

　以上より、「会計とは、法人に関係する人たちが、法人の状況等について適切に判断できるように、法人の１年間の活動をお金を単位として作成

される貸借対照表や損益計算書によって伝えることをいいます。」と言い換えることができます。

　簡単にいえば、お金を用立ててくれた人たちに、そのお金をどうやって使ったかを明らかにするのが会計です。

Q2 会計で何を見たらいいのですか

　例えば、友達にお金を貸してと言われたとき、あなたは何が一番気になりますか。

　通常は、貸したお金を返してもらえるかどうかではないでしょうか。将来、貸したお金を返してもらえると期待できる収入があれば、友達にお金を貸してあげようと思いませんか。

　このように将来お金を返すことが可能かどうかを見るための道具として会計は有効です。

　会計で考える場合、たくさんの収入金額があるかどうかだけでなく、その収入を得るために支出した金額も考えなければなりません。例えば、収入を得るための人手として従業員を雇った場合、従業員へ給料を支払わなければなりません。借りたお金は、収入金額から給料として支出した金額を差し引いた残りの金額から返すことになります。

　会計において重要なことは、収入金額から支出金額を差し引いた金額（収支差額）が、

　　①　プラスかマイナスか

　　②　大きいか小さいか

を見ることです。

　つまり、会計によって様々な計算書類が作成されますが、その計算書類を見たときに、お金を貸したくなるかどうかがポイントです。

　計算書類がどういう状況であったとき、あなたはお金を貸そうと思いますか。

　収支差額がマイナスの会社にお金を出そうと思いますか。

　収支差額が小さい会社よりも大きい会社にお金を出そうと思いませんか。

　計算書類の見る箇所は、見る人によって異なります。

　見る人が、自分の知りたい情報について、必要な個所を見ることができれば計算書類の役割は果たされたことになります。

　つまり、会計で重要なことは、会計に関する専門的知識を有していることではなく、計算書類を見る人が気になる箇所をその人が有している会計に関する知識の範囲内で見ることです。言い換えれば、計算書類は、会計に関する専門的知識を有していなければ、見ることができないというものではありません。会計に興味を持ち、詳細な分析等をできるようになりたいと思った時点で会計に関する専門的知識習得のための学習等をすればいいのです。

　１年目から３年目まで介護保険収入10,000、人件費5,000、経費2,000、１年目のみ送迎車両代として3,000支出したとします。

　収支計算では、3,000を支出した事実に着目します。

　収支計算においては、１年目は車両取得支出3,000の支出があったため、収支差額は０となっていますが、２年目、３年目は車両取得支出がなかったため、毎年3,000の収支差額が発生しています。２年目、３年目の収支差額3,000について、毎年お金が残っているため、収支計算における収支差額には実際に資金の裏付けがあるといえます。

【収支計算の場合】

	１年目	２年目	３年目
介護保険収入	10,000	10,000	10,000
人件費支出	5,000	5,000	5,000
経 費 支 出	2,000	2,000	2,000
車両取得支出	3,000	0	0
収 支 差 額	0	3,000	3,000

　損益計算では、車両をいくらで取得したかということを重視するのではなく、その車両が何年間の介護保険事業に使用できるかということを中心に考えていきます。

　購入した車両が、仮に５年間使用できるとしたら、買った金額3,000を５年で割って１年間に600ずつ計上した方が正しいように思えませんか。

　５年間に按分した場合の各年に按分された金額を、損益計算では「減価

償却費」として計上します。減価償却費を毎年計上した結果、損益計算における利益金額は2,400、1年目から3年目まで同額の利益金額となります。今回の計算では、車両を5年間使用できるとして減価償却費を計算していますが、車両を買った時点でその車両を何年使えるかは誰にもわかりません。そのため、減価償却費の計算は、一定の仮定に基づく計算であるため、損益計算の結果として計算される利益金額は、実際の資金の裏付けのない、仮定に基づく計算の結果を示しています。

【損益計算の場合】

	1年目	2年目	3年目
介護保険収益	10,000	10,000	10,000
人 件 費	5,000	5,000	5,000
経 費	2,000	2,000	2,000
減価償却費	600	600	600
利 益 金 額	2,400	2,400	2,400

　それでは、例えば、上記の場合から2年目の介護保険収入が7,000に下がった場合はどうでしょうか。

【収支計算の場合】

	1年目	2年目	3年目
介護保険収入	10,000	7,000	10,000
人件費支出	5,000	5,000	5,000
経 費 支 出	2,000	2,000	2,000
車両取得支出	3,000	0	0
収 支 差 額	0	0	3,000

この場合、収支計算における2年目の資金収支差額は、0となります。

　資金収支差額は、1年目、2年目共に0であるため、2年目で大きく変わったことはないと判断していいでしょうか。

　それは、間違いです。

　1年目の0と2年目の0とでは、その原因が全く異なります。1年目は車両を購入したための0ですが、2年目の0は介護保険収入が減少したことによる0です。
　経営上、問題となるのは、2年目の0です。収支計算では、この点が明確にされません。

【損益計算の場合】

	1年目	2年目	3年目
介護保険収益	10,000	7,000	10,000
人　件　費	5,000	5,000	5,000
経　　　費	2,000	2,000	2,000
減価償却費	600	600	600
利　益　金　額	2,400	▲ 600	2,400

　介護保険収益が2年目7,000に下がった場合、利益金額は600の赤字になります。1年目は2,400の黒字、2年目は600の赤字となれば、これは大変な問題だということになりませんか。
　収支計算では明らかにされなかった問題点が、損益計算では明らかになる理由は、車両を買った金額3,000が各年度に600ずつ計上されていること

で各年度にならされた（平準化された）ことによります。損益計算は、購入したものが購入後将来の収益を得るために使用できるのであれば、その将来の収益に対応させるため、支出した金額を将来の期間に按分していこうという考えに基づいています（これを、会計理論上、「費用収益対応の原則」といいます）。

　収支計算上の収入・支出した時期と損益計算上の収益・費用計上する時期には、タイムラグが生ずることになります。例えば、先の事例の場合、車両の支出（車両取得支出）として1年目に3,000が計上されますが、当該車輌に係る費用（減価償却費）は1年目以降毎年600計上されます。

　このように収入・支出、収益・費用の計上時期にタイムラグが生ずることが収支計算と損益計算の一番の違いです。

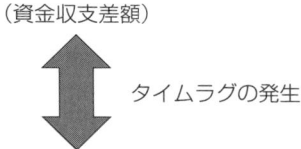

収支計算　→　資金収支計算書　→　収入・支出
　　　　　　　　　　　　　　　　　　（資金収支差額）

タイムラグの発生

損益計算　→　事業活動計算書　→　収益・費用
　　　　　　　　　　　　　　　　　　（利益金額）

　また、先の事例からも明らかなとおり、損益計算の考え方に基づけば、例年と異なる状況が発生していることが、年度比較（期間比較）により把握することができます。これも収支計算にはない損益計算の特徴です。

社会福祉法人ってどんな法人

　社会福祉法人とは、社会福祉事業を行うことを目的として、社会福祉法の規定に基づき設立された法人をいいます。そのため、社会福祉法人については、社会福祉法に詳細な規定が設けられています。

　また、社会福祉法人は社会福祉事業を行わなければ設立することができません。社会福祉事業には、第1種社会福祉事業と第2種社会福祉事業があり、具体的な事業は社会福祉法に限定列挙されています（例示ではないため、社会福祉法に規定されている事業以外に社会福祉事業はありません）。

・第1種社会福祉事業（社会福祉法第2条第2項）
　　利用者への影響が大きいため、経営安定を通じた利用者の保護の必要性が高い事業をいい、主に入所施設サービスが該当します。具体的は、特別養護老人ホームや障害者支援施設を経営する事業が該当します。なお、経営主体は、原則として行政及び社会福祉法人となります。

・第2種社会福祉事業（社会福祉法第2条第3項）
　　比較的利用者への影響が小さいため、公的規制の必要性が低い事業をいい、主に在宅サービスが該当します。具体的には、保育所や老人デイサービスセンター、老人福祉センターを経営する事業が該当します。なお、経営主体には特に制限がありません。

　なお、社会福祉法人が経営する施設の内容等に関しては、社会福祉法に規定がなく、後述するように老人福祉法、障害者総合支援法、児童福祉法等に規定があります。そのため、社会福祉法人を理解するためには、社会福祉法以外にそれらの法律に関する理解も必要となります。

Q 4	会計を具体的に行うための手続としての簿記について教えてください。また、簿記には、単式簿記と複式簿記があると聞きましたが、どのように違うのですか

　簿記とは、帳簿記入のことをいいます。すなわち、行った取引を会計帳簿に記入することを簿記といいます。

　簿記は、単式簿記と複式簿記に区分できます。簿記というと検定試験等もあることから難しいというイメージを持たれる方もいると思います。実は難しいと考えられている簿記は複式簿記であって、単式簿記は既に皆様の今までの日常生活において経験済みのものです。

(1)　単式簿記

　一定の原理・原則に基づかず、金銭の受け払いを中心に、例えば日付順に記録や計算（集計）を行うことをいいます。

月日	使った内容	もらった金額	使った金額	残っている金額
6／1	お小遣い	1,000		1,000
6／3	お菓子		200	800

　上記のような子供がつけているお小遣い帳も単式簿記における会計帳簿です。このほか、金銭出納帳や主婦の方がつけている家計簿も単式簿記における会計帳簿です。すなわち、これらの会計帳簿は、その会計帳簿を作る人が、書きたい内容を本人がわかる方法で作るだけです。そのため、一定の原理・原則がなく、自由に作ることができる会計帳簿です。

(2)　複式簿記

　一定の原理・原則に基づき、組織的に記録・計算を行うことをいいます。この一定の原理・原則を難しいと感じる方が多いことが、簿記が難

しいと考えられている所以です。

　以下では、この複式簿記における一定の原理・原則について説明をしていきます。

Q5 会計年度とはなんですか

　会計年度とは、複式簿記で作成した会計帳簿に基づき計算書類を作成するための期間をいいます。

　会計における基本的な考えでは、全ての法人は倒産等により事業を続けられなくなることを前提としておらず、継続的に事業を行っていくことを前提としています。これを、会計理論上、継続企業の前提といいます。

　法人の活動は継続的に行われていくとした場合、一定の期間で区切り、その期間を計算単位として、計算集計しなければ関係者への報告書類（計算書類）を作成することができません。この計算書類の作成期間を会計年度といいます。

　また、会計年度の長さがそれぞれの法人で異なっていると各法人間での比較を行うことが難しくなるため、会計年度の長さは1年間とされています。

　なお、社会福祉法人の会計年度は、社会福祉法第45条の23第2項において「社会福祉法人の会計年度は、4月1日に始まり、翌年3月31日に終わるものとする。」と規定しています。そのため、全ての社会福祉法人が、例外なく3月決算となります。

社会福祉法人が提供する福祉って何

　社会福祉法人が提供する福祉は、高齢者福祉、障害者福祉、児童福祉に区分されます。

・高齢者福祉

　　高齢者（老人）に対する福祉で、主な施設として特別養護老人ホーム等が挙げられ、老人福祉法に規定されています。

・障害者福祉

　　障害者（知的障害者、身体障碍者、精神障害者）に対する福祉で、主な施設として障害者支援施設等が挙げられ、障害者総合支援法に規定されています。

・児 童 福 祉

　　児童に対する福祉で、主な施設として保育所等が挙げられ、児童福祉法に規定されています。

Q 6 社会福祉法人が作成する計算書類には、どのようなものがありますか

　社会福祉法人が作成する計算書類には、資金収支計算書、事業活動計算書、貸借対照表があります。

計算書類の種類	時点又は期間	内　　容
貸借対照表	一定時点（ストック）	財政（財産）状態
事業活動計算書	一定期間（フロー）	経営成績
資金収支計算書		収支状況

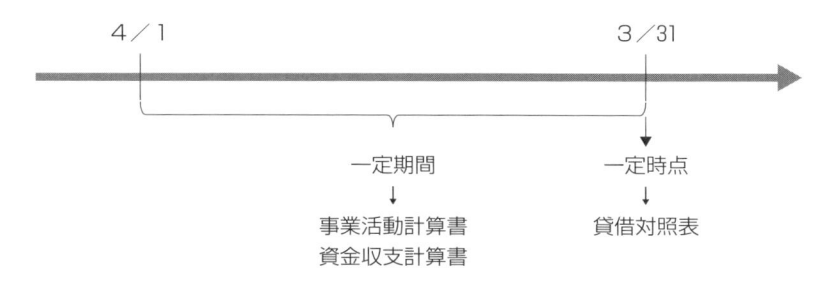

1　資金収支計算書

　一会計期間に属する全ての支払資金の増加及び減少の状況を明瞭に表示します。

　事業活動計算書と同様に、一会計期間の収支状況を表示するという共通点がありますが、事業活動収支計算書が損益計算の結果を示す計算書類であるのに対し、資金収支計算書は収支計算の結果を示す計算書類である点が異なります。

　資金の裏付けのある収支差額が表示されます。

資金収支計算書

支　　出	収　　入
支 出 差 額	

　　収入　……　資金の受取金額
　　支出　……　資金の支出金額

2　事業活動計算書

　一会計期間に属する施設の全ての収益と費用とを記載して当該会計年度の事業活動の成果としての経営成績を明瞭に表示する企業会計における損益計算書に相当する計算書類です。

　資金収支計算書と同様に、一会計期間の収支状況を表示するという共通点がありますが、資金収支計算書は収支計算の結果を示す計算書類であるのに対し、事業活動収支計算書が損益計算の結果を示す計算書類である点が異なります。

　会計の考え方に基づく損益計算上の収支差額（利益金額）を表示し、実際の資金の有無とは関係がありません。

事業活動計算書

費　　用	収　　益
活動増減差額	

収益　……　複式簿記の考え（損益計算）に基づく収入金額（財産の増加額）
費用　……　複式簿記の考え（損益計算）に基づく支出金額（財産の減少額）
活動増減差額　……　企業会計の利益金額に相当する。

ちょっと一息

活動増減差額と企業会計における利益は同じ

　社会福祉法人の事業活動計算書の収益から費用を差し引いた残りの金額を「活動増減差額」といいます。これに対し、企業会計の損益計算書の収益から費用を差し引いた残りの金額を「利益」といいます。

　企業は、営利法人であるため、利益を追求することを目的として活動を行う事業体です。そのため、企業会計における損益計算書では「利益」という言い方をします。これに対し、社会福祉法人は、利益を追求することを目的として活動を行う法人ではなく、非営利法人です。そのため、社会福祉法人で「利益」という言い方をした場合に、社会福祉法人も利益追求をする法人という誤解が生ずるおそれがあるため、社会福祉法人会計では「活動増減差額」という言い方をしています。

　つまり、収益から費用を差し引いたものであるという内容からすれば、「利益」も「活動増減差額」も意味していることは同じであるといえます。

3　貸借対照表

　一定時点（3月31日）における全ての資産、負債及び純資産を記載します。

　財政状態を表示する計算書類です。

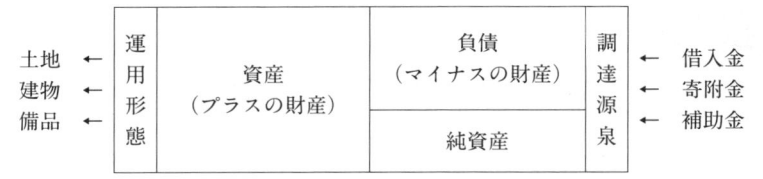

貸借対照表

資産とは、プラスの財産で、現金、預金、土地、建物等の財産が該当します。
負債とは、マイナスの財産で、借入金、未払金等の財産が該当します。
純資産は、資産から負債を控除した金額をいいます。

ちょっと一息

貸借対照表上、お金は右から
入って左に出ていく

　貸借対照表の右側（負債、純資産）には、活動に必要なお金をどのように集めてきたか（調達源泉）、その方法が示され、具体的には借入金、寄附金（基本金）、補助金（国庫補助金等特別積立金）等は右側に表示されます。

　貸借対照表の左側（資産）には、右側で集めてきたお金を何に使ったか（運用形態）、その使い方が示され、具体的には土地、建物等は左側に表示されます。

　借金（借入金）は他からお金を借りて集めた、寄附金は他からもらって集めたということになります。その集めてきたお金を土地、建物に使ったということになります。

　貸借対照表を見る場合、まずは右側を見てお金をどうやって集めてきたかを確認します。次いで、左側を見て使い方を確認する。これが貸借対照表を見る場合のポイントです。

Q7 簿記一巡の流れについて教えてください

簿記一巡の流れとは、以下の手続をいいます。

(1) 簿記上の取引を行う。

簿記上の取引とは、資産、負債、純資産に増減変化をもたらす取引をいいます。

① A商店へB商品を10個注文した。

→ 注文しただけでは、資産、負債、純資産は増減しないため、簿記上の取引ではありません。

② B商品10個を現金仕入れした。

→ 仕入れに伴い現金が出金され、資産が減少するため、簿記上の取引となります。

(2) 簿記上の取引が行われると、その取引を行った証として領収書や請求書（証憑書類）が入手されます。

(3) 領収書や請求書（証憑書類）に基づき、仕訳伝票を起票します。

(4) 起票された仕訳伝票に基づき、総勘定元帳に転記します。

総勘定元帳とは、勘定科目ごとに仕訳伝票の内容を転記した主要簿をいいます。

(5) 総勘定元帳の各勘定科目残高に基づき、試算表が作成され、試算表に基づき計算書類が作成されます。

ただし、実務上は、上記(4)及び(5)はコンピューターにより行われてい

ることが多いです。

Q8 取引の2面性と取引の8要素について教えてください

　簿記における帳簿作成手続のスタートは、仕訳伝票を起票すること（仕訳を行うこと）になります。

　仕訳とは、取引には2面性があることに着目して、その2面性について勘定科目、金額、内容等に基づき仕訳伝票を作成する手続をいいます。

　仕訳（仕訳伝票）での左側を借方、右側を貸方といい、それぞれに勘定科目及び金額を記入します。

　また、勘定科目とは、仕訳や計算書類に使用する取引内容を示す名称です。

　以上の内容に基づく仕訳伝票のイメージは以下のとおりです。

仕　訳　伝　票			
年　　　月　　　日			
借　　　方		貸　　　方	
勘 定 科 目	金　　　額	勘 定 科 目	金　　　額
摘要			

1　取引の2面性

　例）車両を購入し、代金を現金にて支払った。

車輌（資産）の増加 ——— 現金（資産）の減少

　簿記上の取引は、必ず2面性を有しています。この「取引の2面性」に基づき記帳を行うのが複式簿記です。そのため、複式簿記においては、「取引の2面性」を仕訳に適切に反映させることが重要です。

上記設例の場合、車両という資産が増加しています。一方で、現金という資産が減少しています。この2つ側面に着目して行うのが仕訳です。

2　取引の8要素

　「取引の2面性」を考える場合には、次の「取引の8要素」に基づき検討する必要があります。この「取引の8要素」の組み合わせにより仕訳を行います。

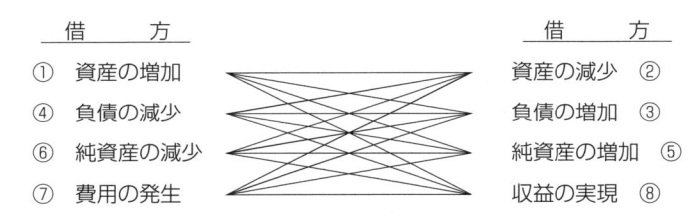

	借　　　方			借　　　方
①	資産の増加		資産の減少	②
④	負債の減少		負債の増加	③
⑥	純資産の減少		純資産の増加	⑤
⑦	費用の発生		収益の実現	⑧

　仕訳を行う際に、上記①、④、⑥、⑦は必ず借方（左側）、上記②、③、⑤、⑧は必ず貸方（右側）に該当する勘定科目を記入します。

　考え方としては、増加の場合は本来のあるべき側に記入されるということです。具体的には、例えば、資産は、貸借対照表の借方側（向かって左側）が本来のあるべき側です。そのため、資産が増加した場合はあるべき側の借方側、減少した場合はその反対側の貸方側に記入します。これを整理すると以下のようになります。

資　産	増加	あるべき側	＝	借方	→	仕訳上、借方側に記入
	減少	反対側	＝	貸方	→	仕訳上、貸方側に記入
負　債	増加	あるべき側	＝	貸方	→	仕訳上、貸方側に記入
	減少	反対側	＝	借方	→	仕訳上、借方側に記入
純資産	増加	あるべき側	＝	貸方	→	仕訳上、貸方側に記入
	減少	反対側	＝	借方	→	仕訳上、借方側に記入
収　益	増加	あるべき側	＝	貸方	→	仕訳上、貸方側に記入
	減少	反対側	＝	借方	→	仕訳上、借方側に記入
費　用	増加	あるべき側	＝	借方	→	仕訳上、借方側に記入
	減少	反対側	＝	貸方	→	仕訳上、貸方側に記入

> 仕訳を考える場合のポイント
> ①　あるべき側がどちらかを正確に覚えること
> ②　増加した場合にはあるべき側に記入すること
> ③　減少した場合には反対側に記入すること

　上記の内容を前提として、取引の8要素に基づく具体的な組み合わせを仕訳形式で示すと以下のとおりです。

(1)　普通預金から100を出金し、現金を補充した。
　　（借方）現　　　　　金　　100　（貸方）普 通 預 金　　100
　　　　　　（資産の増加）　　　　　　　　　（資産の減少）

(2)　銀行より設備資金借入金として2,000借り入れた。
　　（借方）普 通 預 金　2,000　（貸方）設備資金借入金　2,000
　　　　　　（資産の増加）　　　　　　　　　（負債の増加）

(3)　国保連より介護報酬として1,000振り込まれた。
　　（借方）普 通 預 金　1,000　（貸方）介 護 保 険 収 益　1,000
　　　　　　（資産の増加）　　　　　　　　　（収益の実現）

(4)　設備資金借入金500を普通預金から返済した。
　　（借方）設備資金借入金　　500　（貸方）普 通 預 金　　500
　　　　　　（負債の減少）　　　　　　　　　（資産の減少）

(5)　前受金として計上されていた100を介護保険収入に振り替えた。
　　（借方）前　受　金　　100　（貸方）介 護 保 険 収 益　　100
　　　　　　（負債の減少）　　　　　　　　　（収益の実現）

(6) 消耗品費として50を現金にて支払った。

(借方) 消　耗　品　費　　50　（貸方）現　　　　　金　　50
　　　（費用の発生）　　　　　　　　　（資産の減少）

(7) 備品の修繕費用として100を未払金に計上した。

(借方) 修　　繕　　費　　100　（貸方）未　　払　　金　　100
　　　（費用の発生）　　　　　　　　　（負債の増加）

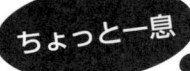
ちょっと一息

貸借対照表の右左と仕訳の
右左は実は同じ

　貸借対照表の右側にはお金の集め方、左側にはお金の使い方が示されることを前に述べました。実は、この考えは、仕訳の右側と左側でも同じなのです。

左側が本来のあるべき側	右側が本来のあるべき側
資　産	負　債
	純　資　産
費　用	収　益
⬆	⬆
お金の使い方	お金の集め方

右側　　お金の集め方
　　　　借金（借入金）して集めた　　　　　　　　→　　負債
　　　　寄附で集めた　　　　　　　　　　　　　　→　　純資産
　　　　事業を行いその対価として資金を集めた　→　　収益
左側　　お金の使い方
　　　　土地を買った　　　　　　　　　　　　　　→　　資産
　　　　電話代を支払った　　　　　　　　　　　　→　　費用

つまり、仕訳を考える時も次のように考えると理解しやすくなります。

　　右側　＝　貸方　＝　お金の集め方

　　左側　＝　借方　＝　お金の使い方

　上記を理解して、具体的な仕訳を行う際の借方及び貸方の勘定科目を考えてみましょう。

　社会福祉法人会計では、事業活動計算書及び貸借対照表は、日常の仕訳と総勘定元帳から作成されます。また、資金収支計算書は、日常の仕訳と資金収支元帳から作成されます。

　そのため、社会福祉法人会計では事業活動計算書及び貸借対照表を作成するための総勘定元帳上の仕訳と、支払資金と資金収支計算書を作成するための資金収支元帳上の仕訳を行う必要があります。つまり、社会福祉法人会計では、1つの取引について2つの仕訳が必要となります。

【総勘定元帳上の仕訳】

　（借方）器 具 及 び 備 品　　250　（貸方）現　　　　　　金　　250

【資金収支元帳上の仕訳】

　（借方）器具及び備品取得支出　250　（貸方）支 払 資 金　　250

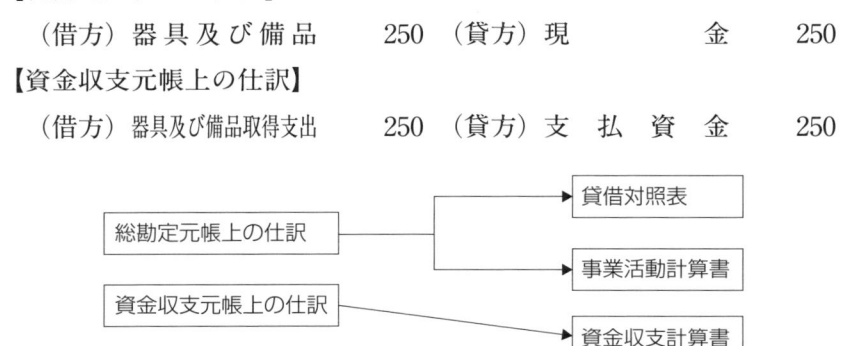

　社会福祉法人会計においては、1つの取引に対し、2つの仕訳（総勘定元帳上の仕訳・資金収支元帳上の仕訳）が行われ、その仕訳が2つの会計帳簿（総勘定元帳、資金収支元帳）に転記され、3つの計算書類（資金収支計算書、事業活動計算書、貸借対照表）が作成されます。

　実務上は、会計システムを利用することにより、総勘定元帳上の仕訳又は資金収支元帳上の仕訳のいずれかの仕訳を入力することで、入力しな

かった仕訳はシステム上、自動生成され、2つの会計帳簿（総勘定元帳、資金収支元帳）が作成されると共に、3つの計算書類（資金収支計算書、事業活動計算書、貸借対照表）を作成することができます。

　したがって、会計システムの利用を前提とした社会福祉法人会計では一取引二仕訳一入力が通常の仕訳手続となります。

　社会福祉法人会計における仕訳の種類は、以下のとおりです。

⑴　一部の収益（収入）及び費用（支出）科目について、総勘定元帳上の仕訳及び資金収支元帳上の仕訳で同一の勘定科目を使用する取引
⑵　資金収支元帳上の仕訳において、借方勘定科目及び貸方勘定科目が共に「支払資金」となる取引
⑶　総勘定元帳上の仕訳のみの取引
⑷　事業活動計算書には計上されず、資金収支計算書のみに計上される取引

　社会福祉法人会計においては、総勘定元帳上の仕訳において、借方勘定科目、貸方勘定科目が流動資産又は流動負債に属する勘定科目の場合、資金収支元帳上の仕訳も必要になります。本書では、資金収支元帳上の仕訳における流動資産及び流動負債の増減を表す名目的な勘定科目として「支払資金」を使用しています。なお、「支払資金」という勘定科目については、使用する会計システムによっては「資金諸口」「資金」といった勘定科目となる場合もあります。

(1) 一部の収益（収入）及び費用（支出）科目について、総勘定元帳上の仕訳及び資金収支元帳上の仕訳で同一の勘定科目を使用する取引

例）事務消耗品費として50を現金にて支払った。
【総勘定元帳上の仕訳】
（借方）事 務 消 耗 品 費　　　50　（貸方）現　　　　　金　　　50
【資金収支元帳上の仕訳】
（借方）事務消耗品費支出　　　50　（貸方）支　払　資　金　　　50

　　　総勘定元帳上の仕訳の借方勘定科目の「現金」は、流動資産に属する勘定科目です。総勘定元帳上の仕訳において、借方勘定科目又は貸方勘定科目で流動資産又は流動負債に属する勘定科目を使用した場合、資金収支元帳上の仕訳が必要となります。

【総勘定元帳上の仕訳】

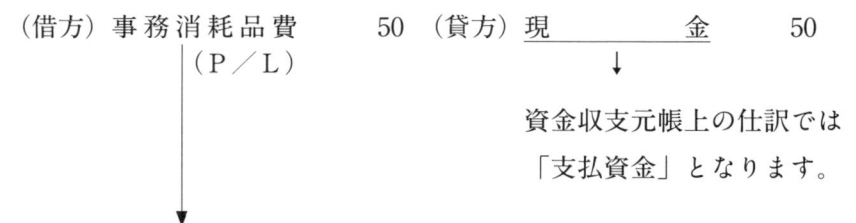

（借方）事 務 消 耗 品 費　　　50　（貸方）現　　　　　金　　　50
　　　　　（P／L）
　　　　　　　　　　　　　　　　　　　　　　　　資金収支元帳上の仕訳では
　　　　　　　　　　　　　　　　　　　　　　　　「支払資金」となります。

　　　事業活動計算書上の勘定科目「事務消耗品費」は、資金収支元帳上の仕訳においては、資金収支計算書上の勘定科目である「事務消耗品費支出（C／F）」となります。

　　　以上より、資金収支元帳上の仕訳は、以下のようになります。
（借方）事務消耗品費支出　　　50　（貸方）支　払　資　金　　　50
　　　　　（C／F）

⑵　資金収支元帳上の仕訳において、借方勘定科目及び貸方勘定科目が共に「支払資金」となる取引

　例）未払金50を現金にて支払った。

　　【総勘定元帳上の仕訳】

　　（借方）未　払　金　　　50　（貸方）現　　　金　　　50

　　【資金収支元帳上の仕訳】

　　（借方）支　払　資　金　　50　（貸方）支　払　資　金　　50

　　　総勘定元帳上の仕訳における勘定科目「未払金」「現金」共に、流動資産又は流動負債に属する勘定科目です。資金収支元帳上の仕訳においては、総勘定元帳上の仕訳の流動資産又は流動負債に属する勘定科目は「支払資金」となります。そのため、このような取引における資金収支元帳上の仕訳の借方勘定科目、貸方勘定科目は「支払資金」となります。なお、資金収支元帳上の仕訳において借方勘定科目及び貸方勘定科目が共に「支払資金」となる取引として考えられる総勘定元帳上の仕訳の組み合わせは、以下のとおりです。

借方勘定科目		貸方勘定科目
流動資産の増加	…………	流動資産の減少
流動資産の増加	…………	流動負債の増加
流動負債の減少	…………	流動資産の減少
流動負債の減少	…………	流動負債の減少

⑶　総勘定元帳上の仕訳のみの取引

　例）建物減価償却費500を計上した。

　　【総勘定元帳上の仕訳】

　　（借方）減　価　償　却　費　　50　（貸方）建　　　物　　　50

【資金収支元帳上の仕訳】
　仕訳なし

　　資金収支元帳上の仕訳は、総勘定元帳上の仕訳において流動資産又は流動負債に属する勘定科目を使用した場合です。上記総勘定元帳上の仕訳においては、流動資産又は流動負債に属する勘定科目を使用していません。そのため、上記のような取引おいては、資金収支元帳上の仕訳は必要ありません。
　　なお、資金収支元帳上の仕訳が必要ない取引としては、以下のような取引が挙げられます。
- 　減価償却費の計上
- 　国庫補助金等特別積立金の積立て及び取崩し
- 　基本金の積立て及び取崩し
- 　引当金の繰入れ及び戻入れ　等

(4)　**事業活動計算書には計上されず、資金収支計算書のみに計上される取引**

例）設備資金借入金50を返済した。
　【総勘定元帳上の仕訳】
　（借方）設備資金借入金　　　　50　（貸方）現　　　　　　金　　　50
　【資金収支元帳上の仕訳】
　（借方）設備資金借入金償還金支出　　　　50　（貸方）支　払　資　金　　　50

　　　総勘定元帳上の仕訳の借方勘定科目の「現金」は、流動資産に属する勘定科目です。総勘定元帳上の仕訳において、借方勘定科目又は貸

方勘定科目で流動資産又は流動負債に属する勘定科目を使用した場合、資金収支元帳上の仕訳が必要となります。

【総勘定元帳上の仕訳】

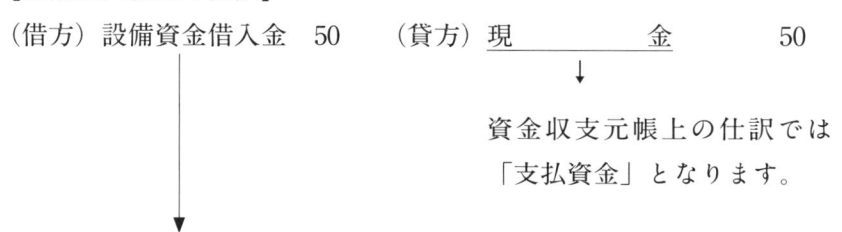

（借方）設備資金借入金　50　　（貸方）現　　　　　金　　　　50

資金収支元帳上の仕訳では
「支払資金」となります。

　貸借対照表上の勘定科目です。この点が上記(1)の取引とは異なります。すなわち、上記仕訳においては事業活動計算書上の勘定科目が使用されていません。このような場合には、資金収支計算書上の勘定科目である「設備資金借入金償還金支出」を使用します。このような仕訳となる取引は、総勘定元帳上の仕訳における勘定科目として固定資産又は固定負債に属する勘定科目を使用します。このような仕訳になる取引としては、以下の者が挙げられます。

　・　固定資産の購入
　・　設備資金借入金等の借入れ及び返済　等

収入及び支出と収益及び費用

　収入及び支出とは資金収支計算書（収支計算、資金収支計算書上の仕訳）、収益及び費用は事業活動計算書（損益計算、総勘定元帳上の仕訳）で使用する概念です。現行の社会福祉法人では、この違いを明確に区分しているため、それぞれの用語の違いを理解して使用することが重要です。

　なお、本書では、資金収支計算書上の勘定科目については「Ｃ／Ｆ」、事業活動計算書上の勘定科目については「Ｐ／Ｌ」と明記している場合があります。

第2章
社会福祉法人における
具体的な仕訳処理
（基礎編）

社会福祉法人における日常取引（現金・銀行預金が増加又は減少する取引）に関して、具体的な設例に基づく仕訳例を解説しました。

日常の仕訳処理で必ず参考になる内容です。そのため、日常業務で悩んだ際は当章の内容を確認されることをお勧めします。

> 日常の仕訳処理の基本的な考え方
>
> 　日常取引　＝　現金や銀行預金が増加又は減少する取引

　日々日常的に行われる取引は、現金や銀行預金が増加又は減少する取引が中心となります。そのため、現金預金の増加又は減少という点に着目して考えることが重要です。

1　お金をもらった

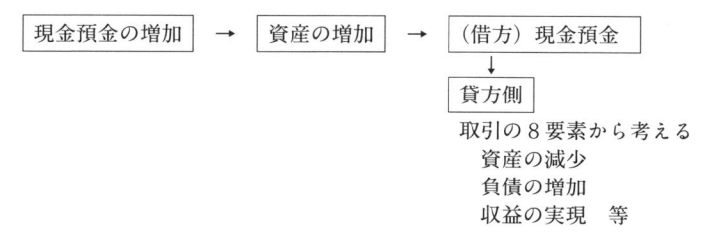

　お金をもらった場合、現金預金という資産が増加します。資産の増加は、本来のあるべき側である借方側の話です。そのため、（借方）現金預金となります。次に、貸方側の勘定科目を取引の8要素から考えます。具体的には、資産の減少、負債の増加、収益の実現等の中から適切な勘定科目を決定します。

2　お金を払った

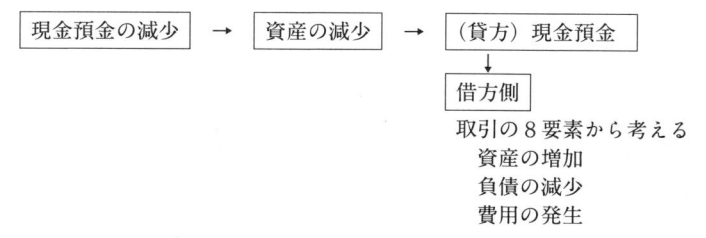

　お金を払った場合、現金預金という資産が減少します。資産の減少は、本来のあるべき側の反対側である貸方側の話です。そのため、（貸方）現

金預金となります。次に、借方側の勘定科目を取引の8要素から考えます。具体的には、資産の増加、負債の減少、費用の発生等の中から適切な勘定科目を決定します。

　以下では、現金預金の増加又は減少を伴う取引の設例に基づき、具体的な仕訳を考えていくことにします。

ちょっと一息

社会福祉法人会計基準って何？

　社会福祉法人において会計処理を行う場合には、社会福祉法人会計基準等に基づいて行わなければなりません。社会福祉法人会計基準第1条第1項では「社会福祉法人は、この省令で定めるところに従い、会計処理を行い、会計帳簿、計算書類（貸借対照表及び収支計算書をいう。以下同じ。）、その附属明細書及び財産目録を作成しなければならない。」と規定し、社会福祉法人会計基準が社会福祉法人の会計において従わなければならない基準であることが明記されています。

　社会福祉法人の会計を踏み込んで学習しようと考えるのであれば、最低限以下のものを理解しておくことが重要です。

・社会福祉法人会計基準（平成28年3月31日厚生労働省令第79号）

・社会福祉法人会計基準の制定に伴う会計処理等に関する運用上の取扱いについて（平成28年3月31日雇児発0331第15号・社援発0331第39号・老発0331第45号厚生労働省雇用均等・児童家庭局長・社会・援護局長・老健局長通知）

・社会福祉法人会計基準の制定に伴う会計処理等に関する運用上の留意事項について（平成28年3月31日雇児総発0331第7号・社援基発0331第2号・障障発

0331第2号・老総発0331第4号厚生労働省雇用均等・児童家庭局総務課長・社会・援護局福祉基盤課長・社会・援護局障害保健福祉部障害福祉課長・老健局総務課長通知)

Q1　介護報酬が銀行預金口座に振り込まれた

1　仕訳に際しての考え方

(1)　銀行口座に振り込まれた ＝ お金をもらった

　　→ 現金預金という<u>資産の増加</u> →　 借方側の話 →（借方）現金預金

(2)　貸方側を取引の8要素から考えます。

　　介護報酬 → 介護報酬という収益の実現 →（貸方）介護報酬収益

2　勘定科目説明

　　実際の仕訳処理は、さらに詳細な内容を示す勘定科目を使用します。

　　詳細な勘定科目については、巻末の資料を参照してください。

3　具体的な仕訳処理

【総勘定元帳上の仕訳】

　　（借方）現 金 預 金　×××　（貸方）介 護 報 酬 収 益　×××

【資金収支元帳上の仕訳】

　　（借方）支 払 資 金　×××　（貸方）介 護 報 酬 収 入　×××

具体的な勘定科目はサービスを
理解しなければ使い分けできない

　例えば、介護サービスとして事業者が提供できるサービスの種類は、以下のように多岐にわたっています。社会福祉法人会計基準では、個々のサービスの内容を示す勘定科目を巻末の資料のように規定しています。そのため、仕訳処理においては、当該勘定科目を使用することになりますが、勘定科目を決定する際に介護サービスの種類に関する知識が必要となります。障害福祉サービス、保育サービスについても同様です。

介護サービスの種類

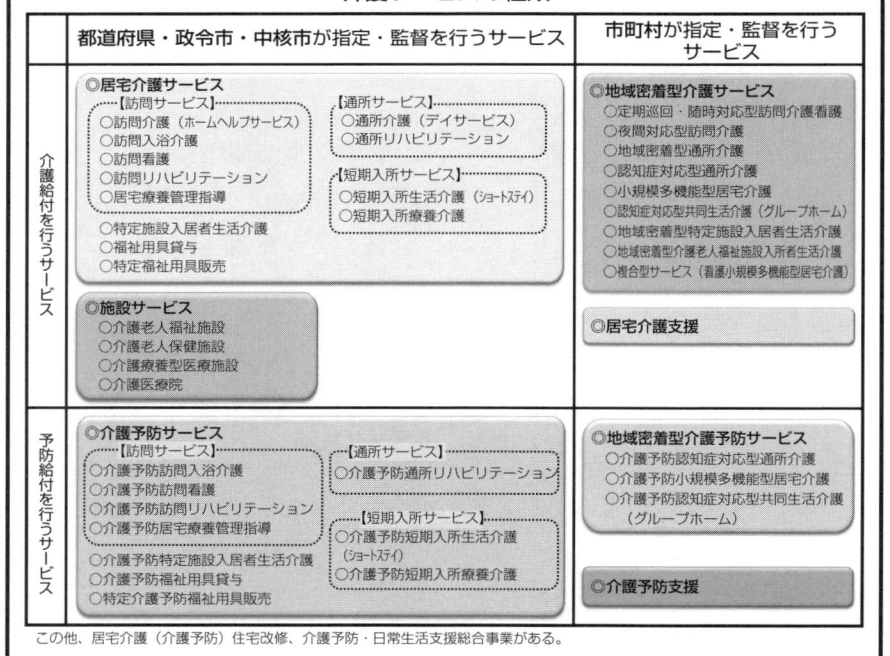

	都道府県・政令市・中核市が指定・監督を行うサービス		市町村が指定・監督を行うサービス
介護給付を行うサービス	◎居宅介護サービス 【訪問サービス】 ○訪問介護（ホームヘルプサービス） ○訪問入浴介護 ○訪問看護 ○訪問リハビリテーション ○居宅療養管理指導 ○特定施設入居者生活介護 ○福祉用具貸与 ○特定福祉用具販売	【通所サービス】 ○通所介護（デイサービス） ○通所リハビリテーション 【短期入所サービス】 ○短期入所生活介護（ショートステイ） ○短期入所療養介護	◎地域密着型介護サービス ○定期巡回・随時対応型訪問介護看護 ○夜間対応型訪問介護 ○地域密着型通所介護 ○認知症対応型通所介護 ○小規模多機能型居宅介護 ○認知症対応型共同生活介護（グループホーム） ○地域密着型特定施設入居者生活介護 ○地域密着型介護老人福祉施設入所者生活介護 ○複合型サービス（看護小規模多機能型居宅介護）
	◎施設サービス ○介護老人福祉施設 ○介護老人保健施設 ○介護療養型医療施設 ○介護医療院		◎居宅介護支援
予防給付を行うサービス	◎介護予防サービス 【訪問サービス】 ○介護予防訪問入浴介護 ○介護予防訪問看護 ○介護予防訪問リハビリテーション ○介護予防居宅療養管理指導 ○介護予防特定施設入居者生活介護 ○介護予防福祉用具貸与 ○特定介護予防福祉用具販売	【通所サービス】 ○介護予防通所リハビリテーション 【短期入所サービス】 ○介護予防短期入所生活介護（ショートステイ） ○介護予防短期入所療養介護	◎地域密着型介護予防サービス ○介護予防認知症対応型通所介護 ○介護予防小規模多機能型居宅介護 ○介護予防認知症対応型共同生活介護（グループホーム） ◎介護予防支援

この他、居宅介護（介護予防）住宅改修、介護予防・日常生活支援総合事業がある。

（厚生労働省ＨＰより）

Q 2 障害福祉サービス等に係る報酬が銀行預金口座に振り込まれた

1 仕訳に際しての考え方

(1) 銀行口座に振り込まれた ＝ お金をもらった

→ 現金預金という資産の増加 → 借方側の話 →（借方）現金預金

(2) 貸方側を取引の8要素から考えます。

障害福祉サービス等に係る報酬

→ 障害福祉サービス等事業収益という収益の実現

→（貸方）障害福祉サービス等事業収益

2 勘定科目説明

実際の仕訳処理は、さらに詳細な内容を示す勘定科目を使用します。

詳細な勘定科目については、巻末の資料を参照してください。

3 具体的な仕訳処理

【総勘定元帳上の仕訳】

（借方）現 金 預 金 ×××　（貸方）障害福祉サービ ×××
ス等事業収益

【資金収支元帳上の仕訳】

（借方）支 払 資 金 ×××　（貸方）障害福祉サービ ×××
ス等事業収入

Q3 保育園で委託費が銀行預金口座に振り込まれた

1 仕訳に際しての考え方

(1) 銀行口座に振り込まれた ＝ お金をもらった

　　→ 現金預金という資産の増加 → 　借方側の話 →（借方）現金預金

(2) 貸方側を取引の8要素から考えます。

　　委託費 → 保育事業収益という収益の実現 →（貸方）保育事業収益

2 勘定科目説明

　　実際の仕訳処理は、さらに詳細な内容を示す勘定科目を使用します。

　　詳細な勘定科目については、巻末の資料を参照してください。

3 具体的な仕訳処理

【総勘定元帳上の仕訳】

　　（借方）現 金 預 金　×××　（貸方）保 育 事 業 収 益　×××

【資金収支元帳上の仕訳】

　　（借方）支 払 資 金　×××　（貸方）保 育 事 業 収 入　×××

Q4 就労支援事業での農産物を販売し、現金を受け取った

1 仕訳に際しての考え方

(1) 現金を受け取った ＝ お金をもらった

→ 現金預金という<u>資産の増加</u> → 借方側の話 → （借方）現金預金

(2) 貸方側を取引の8要素から考えます。

農産物の販売 → 販売収益という収益の実現

→ （貸方）就労支援事業収益

2 勘定科目説明

・就労支援事業収益

就労支援事業の内容（製造製品の売上、仕入れ商品の売上、受託加工の別等）を示す名称を付した科目で記載します。

3 具体的な仕訳処理

【総勘定元帳上の仕訳】

（借方）現 金 預 金 ×××　（貸方）就労支援事業収益 ×××

【資金収支元帳上の仕訳】

（借方）支 払 資 金 ×××　（貸方）就労支援事業収入 ×××

就労支援事業は実は障害福祉サービス

　就労支援事業とは、障害福祉サービスに含まれる事業です。社会福祉法人会計基準では、障害福祉サービスにおいて使用する勘定科目として「障害者福祉サービス等事業収益」が大区分の勘定科目として明記されていますが、「就労支援事業収益」も大区分の勘定科目として明記されています。そこで、疑問が生ずるのは、障害福祉サービスに属する事業であれば「障害者福祉サービス等事業収益」で処理すれば足りるところ、なぜ「就労支援事業収益」が明記されているかということです。

　実は、就労支援事業は、社会福祉法人が主として行っている事業と異なる特徴を有しているためです。社会福祉法人が行う事業は、利用者に対して介護や障害福祉等のサービスを提供する事業です。これに対し、就労支援事業には、次のような特徴があります。

　(1)　障害者が事業場で労働又は作業等を行い、その対価として受け取った収入金額から必要経費を除いた金額を工賃として利用者に支払わなければなりません。

　(2)　障害者が行う労働又は作業としては、製品の製造を行い、完成品を外部の方に販売します。この点は、利用者にサービスを提供する事業とは異なります。

　ちなみに、就労支援事業には、就労移行支援事業、就労継続支援Ａ型事業、就労継続支援Ｂ型事業があります。また、就労支援事業で障害者が行う活動を「生産活動」といいます。

Q5　会費を現金で受け取った

1　仕訳に際しての考え方

(1)　現金を受け取った ＝ お金をもらった

　　→ 現金預金という資産の増加 → 　借方側の話 → （借方）現金預金

(2)　貸方側を取引の8要素から考えます。

　　　会費 → 会費という収益の実現 → （貸方）会費収益

2　勘定科目説明

　・会費収益

　　　社会福祉協議会の会員規程に基づき会員から納入される会費収入を
　　いいます。

　　　会費収入の内容を示す名称を付した科目で記載します。

3　具体的な仕訳処理

【総勘定元帳上の仕訳】

　　（借方）現　金　預　金　×××　（貸方）会　費　収　益　×××

【資金収支元帳上の仕訳】

　　（借方）支　払　資　金　×××　（貸方）会　費　収　入　×××

会費収益は全ての社会福祉法人で
使用する勘定科目ではない

会費収益は、市町村社会福祉協議会等が使用する勘定科目です。そのため、施設を開設する社会福祉法人で使用することは通常ありません。

Q6　補助金が交付され銀行預金口座に振り込まれた

1　仕訳に際しての考え方

(1)　銀行口座に振り込まれた ＝ お金をもらった

　　→ 現金預金という<u>資産の増加</u> → 　借方側の話 →（借方）現金預金

(2)　貸方側を取引の8要素から考えます。

　　　補助金 → 補助金という収益の実現 →（貸方）補助金収益

2　勘定科目説明

　　実際の仕訳処理に際して使用する貸方勘定科目については、受け取った補助金の内容等により以下の勘定科目を使い分けることになります。

補助金の内容等	使用する貸方勘定科目
介護保険事業に関連する事業に係る地方公共団体等からの補助金	介護保険事業収益・その他の事業収益・補助金事業収益（公費）
老人福祉事業における地方公共団体等からの補助金	老人福祉事業収益・運営事業収益・補助金事業収益（公費）
保育事業に関連する事業に係る地方公共団体等からの補助金	保育事業収益・その他の事業収益・補助金事業収益（公費）
障害福祉サービス事業に関連する事業に係る地方公共団体等からの補助金	障害福祉サービス等事業収益・その他の事業収益・補助金事業収益（公費）
建物等の建築に係る地方公共団体等からの補助金	施設整備等補助金収益
建物等の建築に際して行った借入金の元金返済に係る地方公共団体等からの補助金	設備資金借入金元金償還補助金収益
建物等の建築に際して行った借入金に係る借入金利息に係る地方公共団体等からの補助金	設備資金借入金元金償還補助金収益

3　具体的な仕訳処理

【総勘定元帳上の仕訳】

　　（借方）現　金　預　金　　×××　（貸方）補　助　金　収　益　　×××

【資金収支元帳上の仕訳】

　　（借方）支　払　資　金　　×××　（貸方）補　助　金　収　入　　×××

ちょっと一息

共同募金会から配分金を受け取った場合

　共同募金会から配分金を受け取る場合があります。しかし、共同募金会からの配分金にはいくつかの種類があり、受け取った配分金の内容により会計処理が異なります。

　共同募金会からの配分金の種類と会計処理を整理すると以下のとおりです。

		施設整備及び設備整備に係る配分金（＊1）	経常的経費に係る配分金
受配者指定寄附金	内容	受配者指定寄附金とは，社会福祉事業又は更生保護事業を営むことを目的とする者の次の①，②の費用等のために，共同募金会への寄附者が，配分先と使途を具体的に指定しているもの。	
		①　社会福祉施設整備費　社会福祉事業又は更生保護事業の用に供されるもので，a　土地，建物及び機械その他の設備の取得若しくは改良の費用b　融資により，すでに取得し，又は改良した土地，建物及び機械その他の設備に係る償還に要する費用	②　経常的経費　職員の人件費，研修費及び入所者の処遇費その他社会福祉事業又は更生保護に係る相談，助成等の経費
	計上科目	資金収支計算書　施設整備等寄附金収入事業活動計算書　施設整備等寄附金収益	資金収支計算書　経常経費寄附金収入事業活動計算書　経常経費寄附金収益
受配者指定寄附金以外の配分金	内容	一般募金配分計画又はNHK歳末たすけあい配分計画に基づく社会福祉施設の建物や備品等整備事業への配分	・一般募金配分計画に基づく市町村社会福祉協議会が行う地域福祉事業への配分・共同募金期間外寄附金（共同募金期間外寄附金とは，運動期間（10月1日～12月31日）外に寄附者から自発的に寄せられた寄附金で，特定の固定資産の取得等のために配分され，配分先は寄附者の意向を確認し，反映できるように努めた上で，共同募金会が決定）
	計上科目	資金収支計算書　施設整備等補助金収入事業活動計算書　施設整備等補助金収益	資金収支計算書　補助金事業収入事業活動計算書　補助金事業収益

（＊1）　資産の取得等に係る借入金の償還に当てるものを含む。

Q 7 寄附金を現金で受け取った

1 仕訳に際しての考え方

(1) 現金を受け取った ＝ お金をもらった

　　→ 現金預金という<u>資産の増加</u> → 　借方側の話 →（借方）現金預金

(2) 貸方側を取引の8要素から考えます。

　　寄附金 → 寄附金という収益の実現 →（貸方）寄附金収益

2 勘定科目説明

　実際の仕訳処理に際して使用する貸方勘定科目については、受け取った寄附金の内容等により以下の勘定科目を使い分けることになります。

補助金の内容等	使用する貸方勘定科目
建物等の建築に対しての理事者等からの寄附金	施設整備等寄附金収益
建物等の建築に際して行った借入金の元金返済に対しての理事者等からの寄附金	設備資金借入金元金償還寄附金収益
長期運営資金借入金の元金返済に対しての理事者等からの寄附金	長期運営資金借入金元金償還寄附金収益
上記以外	経常経費寄附金収益

3 具体的な仕訳処理

【総勘定元帳上の仕訳】

　　（借方）現　金　預　金　×××　（貸方）寄　附　金　収　益　×××

【資金収支元帳上の仕訳】

　　（借方）支　払　資　金　×××　（貸方）寄　附　金　収　入　×××

Q 8	銀行預金の利息が銀行預金口座に入金された

1　仕訳に際しての考え方

(1)　銀行預金口座に入金された　＝　お金をもらった

　　→　現金預金という資産の増加　→　　借方側の話　→（借方）現金預金

(2)　貸方側を取引の8要素から考えます。

　　銀行預金利息　→　受取利息という収益の実現

　→（貸方）受取利息配当金収益

2　勘定科目説明

・受取利息配当金収益

　　預貯金、有価証券、貸付金等の利息及び出資金等に係る配当金等の収益をいいます（償却原価法による収益を含む）。

3　具体的な仕訳処理

【総勘定元帳上の仕訳】

　　（借方）現　金　預　金　　×××　　（貸方）受取利息配当金収益　　×××

【資金収支元帳上の仕訳】

　　（借方）支　払　資　金　　×××　　（貸方）受取利息配当金収入　　×××

預金利息から源泉税が控除されない
社会福祉法人

　金融機関が預金利息を預金口座に振り込む際、源泉税控除後の金額を振り込みます。しかし、社会福祉法人の場合、預金利息に関する源泉税は非課税となるため、預金利息から源泉税は控除されません。なお、源泉税を控除されないためには、金融機関へ社会福祉法人の登記簿謄本を提出する等の手続が必要となります。

Q9　研修生を受け入れた際の謝金が銀行預金口座に振り込まれた

1　仕訳に際しての考え方

(1)　銀行預金口座に入金された ＝ お金をもらった

　→ 現金預金という資産の増加 →　借方側の話 →（借方）現金預金

(2)　貸方側を取引の8要素から考えます。

　　謝金 → 研修生受入収益という収益の実現

　→（貸方）受入研修費収益

2　勘定科目説明

・受入研修費収益

　　研修の受入れに対する収益をいいます。

3　具体的な仕訳処理

【総勘定元帳上の仕訳】

　　（借方）現　金　預　金　×××　（貸方）受入研修費収益　×××

【資金収支元帳上の仕訳】

　　（借方）支　払　資　金　×××　（貸方）受入研修費収入　×××

職員が昼食として施設給食を食べ、その給食代を現金で受け取った

1　訳に際しての考え方

(1)　現金で受け取った ＝ お金をもらった

　　→ 現金預金という<u>資産の増加</u> → 　借方側の話 →（借方）現金預金

(2)　貸方側を取引の8要素から考えます。

　　　給食代 → 給食収益という収益の実現

　　→（貸方）利用者等外給食費収益

2　勘定科目説明

　　・利用者等外給食収益

　　　　職員等患者・利用者以外に提供した食事に対する収益をいいます。

3　具体的な仕訳処理

　　【総勘定元帳上の仕訳】

　　　（借方）現　金　預　金　　×××　　（貸方）利用者等外給食費収益　　×××

　　【資金収支元帳上の仕訳】

　　　（借方）支　払　資　金　　×××　　（貸方）利用者等外給食費収入　　×××

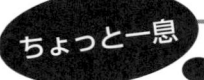
ちょっと一息

職員から受け取る給食収益は
税務に注意

　社会福祉法人では利用者に給食を提供している場合が多いため、職員が昼食として施設給食を食べる場合があります。この場合、税務上、源泉税と消費税に留意が必要です。

　源泉税に関しては、職員に提供した施設給食に係る法人負担額が一定金額を超えた場合、職員が経済的な利益を享受したとして金銭支給する給料同様に源泉徴収しなければなりません。また、消費税に関しては、職員から受け取った給食収益は、原則として消費税課税取引に該当するため、当該金額が多額になると消費税の申告納税の問題が発生します。

Q11 自動販売機設置手数料が銀行預金口座に振り込まれた

1 仕訳に際しての考え方

(1) 銀行預金口座に振り込まれた ＝ お金をもらった

→ 現金預金という資産の増加 → 借方側の話 →（借方）現金預金

(2) 貸方側を取引の8要素から考えます。

自動販売機設置手数料 → 手数料という収益の実現

→（貸方）雑収益

2 勘定科目説明

・雑収益

受入研修費収益、利用者等外給食収益等に属さないサービス活動外による収益をいいます。

3 具体的な仕訳処理

【総勘定元帳上の仕訳】

（借方）現 金 預 金 ×××　（貸方）雑 収 益 ×××

【資金収支元帳上の仕訳】

（借方）支 払 資 金 ×××　（貸方）雑 収 入 ×××

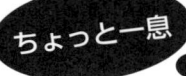
ちょっと一息

事業費と事務費ってどう違うの？

　社会福祉法人会計基準では、費用（支出）の中で事業費（支出）と事務費（支出）に区分されています。事業費とは、利用者の処遇に直接要するものに係る費用をいい、事務費とは事業費以外の費用をいいます。具体的には、入所施設の場合、利用者の入所スペースの電気代は事業費の水道光熱費で処理しますが、事務室の電気代は事務費の水道光熱費で処理するのが厳密な区分ということになります。

Q12	施設利用者給食の食材料代を銀行預金口座から振り込んだ

1 仕訳に際しての考え方

(1) 銀行預金口座から振り込んだ ＝ お金を払った

　→ 現金預金という<u>資産の減少</u> → 　貸方側の話 →（貸方）現金預金

(2) 借方側を取引の8要素から考えます。

　食材料代の支払 → 給食費という費用の発生 →（借方）給食費

2 勘定科目説明

・給食費

　　食材及び食品の費用をいいます。なお、給食業務を外部委託している施設又は事業所にあっては、材料費を計上します。

3 具体的な仕訳処理

【総勘定元帳上の仕訳】

　（借方）給　　食　　費　　×××　（貸方）現　金　預　金　　×××

【資金収支元帳上の仕訳】

　（借方）給 食 費 支 出　×××　（貸方）支　払　資　金　　×××

Q13　施設利用者の使用するおむつ代を銀行預金口座から振り込んだ

1　仕訳に際しての考え方

(1) 銀行預金口座から振り込んだ ＝ お金を払った

　　→ 現金預金という資産の減少 → 　貸方側の話 →（貸方）現金預金

(2) 借方側を取引の8要素から考えます。

　　おむつ代の支払 → 介護用品費という費用の発生

　　→（借方）介護用品費

2　勘定科目説明

・介護用品費

　　利用者の処遇に直接使用するおむつ、タオル等の介護用品の費用をいいます。

3　具体的な仕訳処理

【総勘定元帳上の仕訳】

　　（借方）介 護 用 品 費　×××　（貸方）現 金 預 金　×××

【資金収支元帳上の仕訳】

　　（借方）介護用品費支出　×××　（貸方）支 払 資 金　×××

Q14	施設利用者の健康診断手数料を銀行預金口座から振り込んだ

1　仕訳に際しての考え方

(1)　銀行預金口座から振り込んだ ＝ お金を払った

　　→ 現金預金という<u>資産の減少</u> → 　貸方側の話 →（貸方）現金預金

(2)　借方側を取引の8要素から考えます。

　　施設利用者の健康診断手数料 → 保健衛生費という費用の発生

　　→（借方）保健衛生費

2　勘定科目説明

・保健衛生費

　　利用者の健康診断の実施、施設内又は事業所内の消毒等に要する費用をいいます。なお、施設職員の健康診断手数料については、福利厚生費にて処理することになります。

3　具体的な仕訳処理

【総勘定元帳上の仕訳】

　　（借方）保 健 衛 生 費　×××　（貸方）現 金 預 金　×××

【資金収支元帳上の仕訳】

　　（借方）保健衛生費支出　×××　（貸方）支 払 資 金　×××

ちょっと一息

保健衛生費、医薬品費・診療療養等
材料費の違いは？

　社会福祉法人会計基準では、「医薬品費」「診療・療養等材料費」が設けられています。これらの勘定科目は、医薬品やガーゼ等の診療材料を処理する勘定科目として設けられたものです。ただし、病院、介護老人保健施設、介護老人保健施設、介護医療院以外では、医薬品等の購入代金は、保健衛生費に含めてよいこととされています。

Q 15	施設利用者の使用する衣類代を銀行預金口座から振り込んだ

1 仕訳に際しての考え方

(1) 銀行預金口座から振り込んだ ＝ お金を払った

　　→ 現金預金という<u>資産の減少</u> →　　貸方側の話 →（貸方）現金預金

(2) 借方側を取引の8要素から考えます。

　　衣類代の支払 → 被服費という費用の発生 →（借方）被服費

2 勘定科目説明

・被服費

　　利用者の衣類、寝具等（介護用品及び日用品を除く）の購入のための費用をいいます。

3 具体的な仕訳処理

【総勘定元帳上の仕訳】

　　（借方）被　服　費　×××　（貸方）現　金　預　金　×××

【資金収支元帳上の仕訳】

　　（借方）被服費支出　×××　（貸方）支　払　資　金　×××

本人支給金って何？

　社会福祉法人会計基準では、利用者に小遣い等として現金支給した場合の処理勘定科目として「本人支給金」が設けられています。現行制度においては、利用者に小遣い等を現金支給できる社会福祉施設等は少ないため、現行の会計処理において「本人支給金」を使用することはほとんどありません。

Q16 施設利用者の読む新聞雑誌代を現金で支払った

1 仕訳に際しての考え方

(1) 銀行預金口座から振り込んだ ＝ お金を払った

　　→ 現金預金という<u>資産の減少</u> →　　貸方側の話 →（貸方）現金預金

(2) 借方側を取引の8要素から考えます。

　　新聞雑誌代の支払 → 教養娯楽費という費用の発生

　→（借方）教養娯楽費

2 勘定科目説明

・教養娯楽費

　　利用者のための新聞雑誌等の購読、娯楽用品の購入及び行楽演芸会等の実施のための費用をいいます。

3 具体的な仕訳処理

【総勘定元帳上の仕訳】

　（借方）教 養 娯 楽 費　　×××　（貸方）現　金　預　金　　×××

【資金収支元帳上の仕訳】

　（借方）教養娯楽費支出　　×××　（貸方）支　払　資　金　　×××

ちょっと一息

実務上、葬祭費の使い方が誤っている場合が……

　社会福祉法人会計基準では、「葬祭費」が設けられています。実務上、施設利用者が亡くなり、利用者家族が行った葬祭に香典を持参した場合の香典代を「葬祭費」で処理している場合があります。「葬祭費」とは、身寄りのない施設利用者が亡くなった場合に施設で行った葬祭に要した費用を計上する勘定科目になります。そのため、香典代を「葬祭費」で処理することは適切な処理とはいえません。

施設利用者の使用する日用品代を銀行預金口座から振り込んだ

1 仕訳に際しての考え方

(1) 銀行預金口座から振り込んだ ＝ お金を払った

　→ 現金預金という<u>資産の減少</u> → 　貸方側の話 →（貸方）現金預金

(2) 借方側を取引の8要素から考えます。

　日用品代の支払 → 日用品費という費用の発生 →（借方）日用品費

2 勘定科目説明

・日用品費

　　利用者に現物で給付する身のまわり品、化粧品などの日用品（介護用品を除く）の費用をいいます。

3 具体的な仕訳処理

【総勘定元帳上の仕訳】

　（借方）日 用 品 費　×××　（貸方）現 金 預 金　×××

【資金収支元帳上の仕訳】

　（借方）日 用 品 費 支 出　×××　（貸方）支 払 資 金　×××

ちょっと一息

事業費にはあるけど、事務費にはない「車輌費」

　社会福祉法人会計基準では、送迎用車輌等事業に直接使用する車輌に係る燃料費、車輌検査等の費用を処理する勘定科目として、事業費に「車輌費」が設けられています。なお、事務費には、「車輌費」が設けられていないことに留意が必要です。

Q18 保育園で園児が使用する画用紙代を現金で支払った

1 仕訳に際しての考え方

(1) 現金で支払った ＝ お金を払った

→ 現金預金という<u>資産の減少</u> → 貸方側の話 →（貸方）現金預金

(2) 借方側を取引の8要素から考えます。

園児が使用する画用紙代の支払 → 保育材料費という費用の発生

→（借方）保育材料費

2 勘定科目説明

・保育材料費

保育に必要な文具材料、絵本等の費用及び運動会等の行事を実施するための費用をいいます。

3 具体的な仕訳処理

【総勘定元帳上の仕訳】

（借方）保 育 材 料 費　×××　（貸方）現 金 預 金　×××

【資金収支元帳上の仕訳】

（借方）保育材料費支出　×××　（貸方）支 払 資 金　×××

Q19　利用者が利用する部分の電気代を銀行預金口座から振り込んだ

1　仕訳に際しての考え方

(1)　銀行預金口座から振り込んだ　＝　お金を払った

　→　現金預金という<u>資産の減少</u>　→　　貸方側の話　→（貸方）現金預金

(2)　借方側を取引の8要素から考えます。

　　利用者に係る電気代の支払　→　事業費・水道光熱費という費用の発生

　→（借方）水道光熱費（事業費）

2　勘定科目説明

・水道光熱費（事業費）

　　利用者に直接必要な電気、ガス、水道等の費用をいいます。

3　具体的な仕訳処理

【総勘定元帳上の仕訳】

　　（借方）水　道　光　熱　費　　×××　　（貸方）現　金　預　金　　×××

【資金収支元帳上の仕訳】

　　（借方）水道光熱費支出　　×××　　（貸方）支　払　資　金　　×××

事業費、事務費にある「水道光熱費」

　社会福祉法人会計基準では、「水道光熱費（支出）」、「燃料費（支出）」、「賃借料（支出）」、「保険料（支出）」は、事業費にも事務費にも勘定科目がありますが、原則として、事業費（支出）のみに計上することができるとされています。

Q20 職員の健康診断手数料を銀行預金口座から振り込んだ

1　仕訳に際しての考え方
(1)　銀行預金口座から振り込んだ ＝ お金を払った

　　→ 現金預金という<u>資産の減少</u> →　貸方側の話 →（貸方）現金預金
(2)　借方側を取引の8要素から考えます。

　　　職員の健康診断手数料 → 福利厚生費という費用の発生

　　→（借方）福利厚生費

2　勘定科目説明
・福利厚生費

　　　役員・職員が福利施設を利用する場合における事業主負担額、健康
診断その他福利厚生のために要する法定外福利費をいいます。

3　具体的な仕訳処理
【総勘定元帳上の仕訳】

　　（借方）福 利 厚 生 費　×××　（貸方）現 金 預 金　×××

【資金収支元帳上の仕訳】

　　（借方）福利厚生費支出　×××　（貸方）支 払 資 金　×××

Q21 出張旅費を現金で支払った

1 仕訳に際しての考え方

(1) 現金で払った ＝ お金を払った

　→ 現金預金という<u>資産の減少</u> →　　貸方側の話 →（貸方）現金預金

(2) 借方側を取引の8要素から考えます。

　　出張旅費 → 旅費交通費という費用の発生 →（借方）旅費交通費

2 勘定科目説明

・旅費交通費

　　業務に係る役員・職員の出張旅費及び交通費（ただし、研究、研修のための旅費を除く）をいいます。

3 具体的な仕訳処理

【総勘定元帳上の仕訳】

　　（借方）旅 費 交 通 費　　×××　　（貸方）現　金　預　金　　×××

【資金収支元帳上の仕訳】

　　（借方）旅費交通費支出　　×××　　（貸方）支　払　資　金　　×××

ちょっと一息

理事会等出席時に支払う交通費

　理事、監事、評議員等が理事会等の会議に出席した際に支払う交通費等については、当該支払が費用弁償規程等に基づき実費額を支払うのであれば、支払額は旅費交通費で処理します。また、当該支払が役員報酬規程等に基づき源泉徴収を行った上で支払われるものであれば、役員報酬で処理することになります。

Q22 研修会の参加料を現金で支払った

1 仕訳に際しての考え方

(1) 現金で払った ＝ お金を払った

→ 現金預金という<u>資産の減少</u> → 貸方側の話 → （貸方）現金預金

(2) 借方側を取引の8要素から考えます。

研修会参加料 → 研修研究費という費用の発生

→ （借方）研修研究費

2 勘定科目説明

・研修研究費

役員・職員に対する教育訓練に直接要する費用（研究・研修のための旅費を含む）をいいます。

3 具体的な仕訳処理

【総勘定元帳上の仕訳】

（借方）研 修 研 究 費　×××　（貸方）現 金 預 金　×××

【資金収支元帳上の仕訳】

（借方）研修研究費支出　×××　（貸方）支 払 資 金　×××

ちょっと一息

研修会に参加した際の旅費

　社会福祉法人会計基準では、「研修研究費」に研究・研修のための旅費を含むとされています。そのため、研修会等に参加した際の旅費は、「旅費交通費」ではなく、「研修研究費」で処理することになります。

Q23 事務用品代を現金で支払った

1 仕訳に際しての考え方

(1) 現金で払った ＝ お金を払った

　　→ 現金預金という<u>資産の減少</u> → 　貸方側の話 →（貸方）現金預金

(2) 借方側を取引の8要素から考えます。

　　事務用品代 → 事務消耗品費という費用の発生

　　→（借方）事務消耗品費

2 勘定科目説明

・事務消耗品費

　　事務用に必要な消耗品及び器具什器のうち、固定資産の購入に該当しないものの費用をいいます。社会福祉法人会計基準では、利用者が直接使用する介護用品以外の消耗品等は事業費「消耗器具備品費」で処理します。

3 具体的な仕訳処理

【総勘定元帳上の仕訳】

　　（借方）事 務 消 耗 品 費　×××　（貸方）現　金　預　金　×××

【資金収支元帳上の仕訳】

　　（借方）事務消耗品費支出　×××　（貸方）支　払　資　金　×××

74

Q24 コピー機のパフォーマンスチャージ料が銀行預金口座から引き落とされた

1　仕訳に際しての考え方

(1)　銀行預金口座から引き落とされた ＝ お金を払った

　　→ 現金預金という<u>資産の減少</u> →　　貸方側の話 →（貸方）現金預金

(2)　借方側を取引の8要素から考えます。

　　パフォーマンスチャージ料 → 印刷製本費という費用の発生

　　→（借方）印刷製本費

2　勘定科目説明

・印刷製本費

　　事務に必要な書類、諸用紙、関係資料などの印刷及び製本に要する費用をいいます。

3　具体的な仕訳処理

【総勘定元帳上の仕訳】

　　（借方）印 刷 製 本 費　×××　（貸方）現 金 預 金　×××

【資金収支元帳上の仕訳】

　　（借方）印刷製本費支出　×××　（貸方）支 払 資 金　×××

Q25　事務用車輌の燃料費を銀行預金口座から振り込んだ

1　仕訳に際しての考え方

(1)　銀行預金口座から振り込んだ ＝ お金を払った

　　→ 現金預金という<u>資産の減少</u> →　　貸方側の話 →（貸方）現金預金

(2)　借方側を取引の8要素から考えます。

　　事務用車輌の燃料費 → 燃料費（事務費）という費用の発生

　→（借方）燃料費（事務費）

2　勘定科目説明

　・燃料費（事務費）

　　　事務用の灯油、重油等の燃料費（車輌費で計上する燃料費を除く）

　　をいいます。

3　具体的な仕訳処理

　【総勘定元帳上の仕訳】

　　（借方）燃　　料　　費　　×××　（貸方）現　金　預　金　×××

　【資金収支元帳上の仕訳】

　　（借方）燃 料 費 支 出　×××　（貸方）支　払　資　金　×××

Q26　電話代が銀行預金口座から引き落とされた

1　仕訳に際しての考え方

(1)　銀行預金口座から引き落とされた　＝　お金を払った

　→　現金預金という<u>資産の減少</u>　→　　貸方側の話　→（貸方）現金預金

(2)　借方側を取引の8要素から考えます。

　　電話代　→　通信運搬費という費用の発生　→（借方）通信運搬費

2　勘定科目説明

・通信運搬費

　　電話、電報、ファックスの使用料、インターネット接続料及び切手代、葉書代その他通信・運搬に要する費用をいいます。

3　具体的な仕訳処理

【総勘定元帳上の仕訳】

　　（借方）通 信 運 搬 費　×××　（貸方）現　金　預　金　×××

【資金収支元帳上の仕訳】

　　（借方）通信運搬費支出　×××　（貸方）支　払　資　金　×××

Q 27 会議時の飲食代を現金で支払った

1 仕訳に際しての考え方
(1) 現金で支払った ＝ お金を払った

　→ 現金預金という資産の減少 → 　貸方側の話 →（貸方）現金預金

(2) 借方側を取引の8要素から考えます。

　会議時の飲食代 → 会議費という費用の発生 →（借方）会議費

2 勘定科目説明
・会議費

　会議時における茶菓子代、食事代等の費用をいいます。

3 具体的な仕訳処理
【総勘定元帳上の仕訳】

　（借方）会　議　費　×××　（貸方）現　金　預　金　×××

【資金収支元帳上の仕訳】

　（借方）会　議　費　支　出　×××　（貸方）支　払　資　金　×××

Q28　職員の募集広告代を銀行預金口座から振り込んだ

1　仕訳に際しての考え方

(1)　銀行預金口座から振り込んだ ＝ お金を払った

　　→ 現金預金という<u>資産の減少</u> → 　貸方側の話 →（貸方）現金預金

(2)　借方側を取引の8要素から考えます。

　　職員の募集広告代 → 広報費という費用の発生 →（借方）広報費

2　勘定科目説明

・広報費

　　施設及び事業所の広告料、パンフレット・機関誌・広報誌作成などの印刷製本費等に要する費用をいいます。

3　具体的な仕訳処理

【総勘定元帳上の仕訳】

　　（借方）広　　報　　費　×××　（貸方）現　金　預　金　×××

【資金収支元帳上の仕訳】

　　（借方）広　報　費　支　出　×××　（貸方）支　払　資　金　×××

Q29 外部委託している給食業者へ労務負担金を銀行預金口座から振り込んだ

1 仕訳に際しての考え方

(1) 銀行預金口座から振り込んだ ＝ お金を払った

　→ 現金預金という<u>資産の減少</u> → 　貸方側の話 →（貸方）現金預金

(2) 借方側を取引の8要素から考えます。

　　給食業者への労務負担金 → 業務委託費という費用の発生

　→（借方）業務委託費

2 勘定科目説明

・業務委託費

　　洗濯、清掃、夜間警備及び給食（給食材料費を除く）など施設の業務の一部を他に委託するための費用（保守料を除く）をいいます。必要に応じて検査委託、給食委託、寝具委託、医事委託、清掃委託など、小区分でさらに細分化することができます。なお、給食業務を外部委託している場合には、給食業者に支払う労務負担金等の金額を業務委託費に計上し、材料費は給食費に計上します。

3 具体的な仕訳処理

【総勘定元帳上の仕訳】

　　（借方）業 務 委 託 費　×××　（貸方）現 金 預 金　×××

【資金収支元帳上の仕訳】

　　（借方）業務委託費支出　×××　（貸方）支 払 資 金　×××

Q30　職員の紹介手数料を銀行預金口座から振り込んだ

1　仕訳に際しての考え方

(1)　銀行預金口座から振り込んだ　＝　お金を払った

　→　現金預金という<u>資産の減少</u>　→　　貸方側の話　→（貸方）現金預金

(2)　借方側を取引の8要素から考えます。

　職員の紹介手数料　→　手数料という費用の発生　→（借方）手数料

2　勘定科目説明

・手数料

　　役務提供にかかる費用のうち、業務委託費以外のものをいいます。

3　具体的な仕訳処理

【総勘定元帳上の仕訳】

　（借方）手　　数　　料　×××　（貸方）現　金　預　金　×××

【資金収支元帳上の仕訳】

　（借方）手 数 料 支 出　×××　（貸方）支　払　資　金　×××

ちょっと一息

紹介会社に支払う紹介手数料は……

　昨今の介護職員の不足に対して、看護職員や介護職員の採用時に紹介会社を利用して紹介を受ける場合があります。この場合、紹介会社には紹介手数料を支払います。この場合の手数料は「手数料」で処理することになります。

Q31 施設建物の火災保険料を銀行預金口座から振り込んだ

1 仕訳に際しての考え方

(1) 銀行預金口座から振り込んだ ＝ お金を払った

　　→ 現金預金という<u>資産の減少</u> → 　貸方側の話 →（貸方）現金預金

(2) 借方側を取引の8要素から考えます。

　　施設建物の火災保険料 → 保険料という費用の発生

　→（借方）保険料

2 勘定科目説明

・保険料

　　生命保険料及び建物、車輌運搬具、器具及び備品等にかかる損害保険契約に基づく保険料をいいます。

3 具体的な仕訳処理

【総勘定元帳上の仕訳】

　（借方）保　　険　　料　　×××　（貸方）現　金　預　金　　×××

【資金収支元帳上の仕訳】

　（借方）保 険 料 支 出　　×××　（貸方）支　払　資　金　　×××

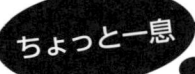

職員の業務中のケガ等のために
加入した保険契約

　職員が業務中に施設内等でケガ等をした場合に備えて加入した傷害保険契約等に係る保険料については、「保険料」で処理するのではなく「福利厚生費」で処理することになります。

Q32 事務用コピー機のリース料が銀行預金口座から引き落とされた

1 仕訳に際しての考え方

(1) 銀行預金口座から引き落とされた ＝ お金を払った

　→ 現金預金という<u>資産の減少</u>→　貸方側の話 →（貸方）現金預金

(2) 借方側を取引の8要素から考えます。

　事務用コピー機のリース料 →　賃借料（事務費）という費用の発生

　→（借方）賃借料（事務費）

2 勘定科目説明

・賃借料（事務費）

　固定資産に計上を要しない器機等のリース料、レンタル料をいいます。

3 具体的な仕訳処理

【総勘定元帳上の仕訳】

　（借方）賃　　借　　料　　×××　（貸方）現　金　預　金　×××

【資金収支元帳上の仕訳】

　（借方）賃 借 料 支 出　×××　（貸方）支　払　資　金　×××

Q33 グループホーム建物の月額賃借料が銀行預金口座から引き落とされた

1　仕訳に際しての考え方

(1)　銀行預金口座から引き落とされた ＝ お金を払った

　　→ 現金預金という<u>資産の減少</u> → 　貸方側の話 →（貸方）現金預金

(2)　借方側を取引の8要素から考えます。

　　グループホーム建物の月額賃借料 → 土地・建物賃借料という費用の
発生 →（借方）土地・建物賃借料

2　勘定科目説明

・土地・建物賃借料

　　土地、建物等の賃借料をいいます。

3　具体的な仕訳処理

【総勘定元帳上の仕訳】

　　（借方）土地・建物借料　×××　（貸方）現　金　預　金　×××

【資金収支元帳上の仕訳】

　　（借方）土地・建物賃借料支出　×××　（貸方）支　払　資　金　×××

Q 34	消費税及び地方消費税の確定納税額を銀行預金口座から支払った

1　仕訳に際しての考え方

⑴　銀行預金口座から支払った ＝ お金を払った

　→ 現金預金という<u>資産の減少</u> → 　貸方側の話 →（貸方）現金預金

⑵　借方側を取引の8要素から考えます。

　　消費税及び地方消費税の確定納税額 → 租税公課という費用の発生

　→（借方）租税公課

2　勘定科目説明

・租税公課

　　消費税及び地方消費税の申告納税、固定資産税、印紙税、登録免許税、自動車税、事業所税等をいいます。

3　具体的な仕訳処理

【総勘定元帳上の仕訳】

　（借方）租　税　公　課　×××　（貸方）現　金　預　金　×××

【資金収支元帳上の仕訳】

　（借方）租税公課支出　×××　（貸方）支　払　資　金　×××

Q35　パソコンの保守料が銀行預金口座から引き落とされた

1　仕訳に際しての考え方

(1)　銀行預金口座から引き落とされた ＝ お金を払った

　　→ 現金預金という<u>資産の減少</u> → 　貸方側の話　→（貸方）現金預金

(2)　借方側を取引の8要素から考えます。

　　パソコンの保守料 → 保守料という<u>費用の発生</u> →（借方）保守料

2　勘定科目説明

　・保守料

　　　建物、各種機器等の保守・点検料等をいいます。

3　具体的な仕訳処理

　【総勘定元帳上の仕訳】

　　（借方）保　　守　　料　　×××　　（貸方）現　金　預　金　×××

　【資金収支元帳上の仕訳】

　　（借方）保 守 料 支 出　　×××　　（貸方）支　払　資　金　×××

Q 36	親交のある社会福祉法人が新施設を開設したためお祝（現金）を持参した

1　仕訳に際しての考え方

(1)　現金を持参した ＝ お金を払った

　　→ 現金預金という<u>資産の減少</u> →　　貸方側の話 →（貸方）現金預金

(2)　借方側を取引の8要素から考えます。

　　お祝 → 渉外費という費用の発生 →（借方）渉外費

2　勘定科目説明

　・渉外費

　　　創立記念日等の式典、慶弔、広報活動（広報費に属する費用を除く）等に要する費用をいいます。

3　具体的な仕訳処理

【総勘定元帳上の仕訳】

　　（借方）渉　外　費　×××　（貸方）現　金　預　金　×××

【資金収支元帳上の仕訳】

　　（借方）渉 外 費 支 出　×××　（貸方）支　払　資　金　×××

Q37　同業者団体の年会費を銀行預金口座から支払った

1　仕訳に際しての考え方

(1)　銀行預金口座から支払った ＝ お金を払った

　　→ 現金預金という<u>資産の減少</u> →　　貸方側の話 →（貸方）現金預金

(2)　借方側を取引の8要素から考えます。

　　同業者団体の年会費 → 諸会費という費用の発生 →（借方）諸会費

2　勘定科目説明

　・諸会費

　　　各種組織への加盟等に伴う会費、負担金等の費用をいいます。

3　具体的な仕訳処理

　【総勘定元帳上の仕訳】

　　（借方）諸　　会　　費　　×××　（貸方）現　金　預　金　×××

　【資金収支元帳上の仕訳】

　　（借方）諸 会 費 支 出　×××　（貸方）支　払　資　金　×××

Q 38	設備資金借入金に係る借入金利子が銀行預金口座から引き落とされた

1 仕訳に際しての考え方

(1) 銀行預金口座から引き落とされた ＝ お金を払った

　　→ 現金預金という<u>資産の減少</u> → 　貸方側の話 →（貸方）現金預金

(2) 借方側を取引の8要素から考えます。

　　借入金利子 → 支払利息という費用の発生 →（借方）支払利息

2 勘定科目説明

・支払利息

　　設備資金借入金、長期運営資金借入金及び短期運営資金借入金の利息、及び支払リース料のうち利息相当額として処理するものをいいます。

3 具体的な仕訳処理

【総勘定元帳上の仕訳】

　　（借方）支 払 利 息　×××　（貸方）現 金 預 金　×××

【資金収支元帳上の仕訳】

　　（借方）支 払 利 息 支 出　×××　（貸方）支 払 資 金　×××

第3章
社会福祉法人における
具体的な仕訳処理
（応用編）

日常取引のうち仕訳処理が複雑な取引、社会福祉法人特有の仕訳処理等について解説しました。

特に、基本金、国庫補助金等特別積立金は、社会福祉法人特有の論点ですので、時間が掛かっても理解が必要な内容です。

Q 1 職員給料（常勤職員）を銀行預金口座から振り込んだ

1 仕訳に際しての考え方

【給料の支払】

(1) 銀行預金口座から支払った ＝ お金を払った

　→ 現金預金という<u>資産の減少</u> → 貸方側の話 →（貸方）現金預金

(2) 借方側を取引の8要素から考えます。

　　常勤職員給料の支払 → 職員給料という費用の発生

　→（借方）職員給料

【職員給料から控除した源泉税等の預り】

(1) 源泉税等の預り ＝ お金を受け取った

　→ 現金預金という資産の増加 → 借方側の話 →（借方）現金預金

(2) 貸方側を取引の8要素から考えます。

　　源泉税等の預り → 職員預り金という負債の増加

　→（借方）職員預り金

2 勘定科目説明

・職員給料

　　常勤職員に支払う俸給・諸手当をいいます。

・職員賞与

　　職員に対する確定済賞与のうち、当該会計期間に係る部分の金額をいいます。

・非常勤職員給与

　　非常勤職員に支払う俸給・諸手当及び賞与をいいます。

・派遣職員費

　　派遣会社に支払う金額をいいます。

【設例】

以下のような給料一覧表の内容で、銀行預金口座から給料を振り込んだ。

給　料　一　覧　表

（単位；千円）

	職員A	職員B	・・・	・・・	合計
基本給（俸給）(a)					18,903
職務手当 資格手当 扶養手当 通勤手当 ・・・					
手当合計(b)					5,623
差引支給額(c；a＋b)					24,526
健康保険料 厚生年金保険料 雇用保険料					
社会保険料計(d)					3,605
所得税(e) 住民税(f)					735 584
控除額合計(g；d＋e＋f)					4,924
差引支給額(h；c－g)					19,602

　職員へ給料を支払う取引、職員への給料の支払という取引と源泉税等を預かったという取引とが含まれています。そのため、それぞれについて仕訳処理を行う必要があります。

(1)　職員への給料支払という取引

　総支給額24,526千円を銀行預金口座から振り込んだ場合の仕訳を考え

ます。

① 銀行預金口座から支払った ＝ お金を払った

　　→ 現金預金という<u>資産の減少</u> → 　貸方側の話 → （貸方）現金預金

② 常勤職員給料の支払 → 職員給料という費用の発生

　　→ （借方）職員給料

【総勘定元帳上の仕訳】

　　（借方）職 員 給 料 　24,526 　（貸方）現 金 預 金 　24,526

【資金収支元帳上の仕訳】

　　（借方）職 員 給 料 支 出 　24,526 　（貸方）支 払 資 金 　24,526

---

(2) **源泉税等を預かったという取引**

　　源泉税等4,924千円を職員から預り、銀行預金口座へ振り込んだ場合の仕訳を考えます。

① 銀行預金口座へ振り込んだ ＝ お金を受け取った

　　→ 現金預金という資産の増加 → 　借方側の話 → （借方）現金預金

② 源泉税等の預り → 職員預り金という負債の増加

　　→ （貸方）職員預り金

【総勘定元帳上の仕訳】

　　（借方）現 金 預 金 　4,924 　（貸方）職 員 預 り 金 　4,924

【資金収支元帳上の仕訳】

　　（借方）支 払 資 金 　4,924 　（貸方）支 払 資 金 　4,924

　　実務上は、(1)の仕訳における「（貸方）現金預金　24,526」から(2)の

仕訳における「（借方）現金預金　4,924」を差し引いた19,602千円を法人の銀行預金口座等から各職員の銀行預金口座に振り込みます。なお、19,602千円は、給料一覧表の差引支給額に一致します。この関係を(1)及び(2)を合算した仕訳で示すと以下のとおりです。

【総勘定元帳上の仕訳】

　　（借方）職　員　給　料　24,526　（貸方）現　金　預　金　19,602
　　　　　　　　　　　　　　　　　　　　　　職員預り金　4,924

【資金収支元帳上の仕訳】

　　（借方）職員給料支出　24,526　（貸方）支　払　資　金　24,526

　上記仕訳の【資金収支元帳上の仕訳】の（貸方）支払資金の金額24,526千円は、【総勘定元帳上の仕訳】の（貸方）現金預金、（貸方）職員預り金がいずれも流動資産又は流動負債に属する勘定科目であるため、それぞれの勘定科目の金額19,602千円と4,924千円を合算したものです。

　なお、上記(1)及び(2)の仕訳に関しては、常勤職員に対する給与の支給を前提としています。

ちょっと一息

通勤手当は職員給料又は旅費交通費どちら

　職員が通勤に要する費用は、一般的には通勤手当として支給されます。この場合、通勤手当は通勤時に使用した公共交通機関の運賃等の金額に基づき支給されます。そのため、通勤手当を旅費交通費で処理する実務慣行があります。しかし、通勤手当は給与規程等に基づき支給されるため、厳密には「職員給料」等の人件費に属する勘定科目で処理することが適当であると考えられます。

賞与は常勤と非常勤で考えが違う

　社会福祉法人会計基準では、常勤職員に対して賞与を支給した場合には「職員賞与」を使用します。非常勤職員に対する支給額は、賞与も含め「非常勤職員給与」を使用します。すなわち、常勤職員の場合、毎月支払う給料は「職員給料」、賞与は「職員賞与」と異なる勘定科目を使用しますが、非常勤職員の場合、給料も賞与も「非常勤職員給与」を使用して会計処理します。

介護職員等の派遣を受けた場合

　昨今の介護職員等の不足に対して、派遣会社から介護職員等の派遣を受ける場合があります。この場合に派遣会社に支払う金額については「職員派遣費」（人件費）で処理することになります。なお、前述しましたが、紹介会社から職員の紹介を受けた場合に支払う紹介手数料（手数料で処理）とは処理する勘定科目が異なっていることに留意が必要です。

Q2 職員に係る社会保険料が銀行預金口座から引き落とされた

1 仕訳に際しての考え方

(1) 銀行預金口座から支払った　＝　お金を払った

→ 現金預金という資産の減少 → 　貸方側の話 → （貸方）現金預金

(2) 借方側を取引の8要素から考えます。

① 事業主負担分 → 法定福利費という費用の発生

→（借方）法定福利費

② 職員負担分　→ 職員預り金という負債の減少

→（借方）職員預り金

＊ 給料支払時に職員から預かった社会保険料は「職員預り金」に計上していたことを前提としています。

2 勘定科目説明

・法定福利費

法令に基づいて法人が負担する健康保険料、厚生年金保険料、雇用保険料等の費用をいいます。

【設例】

年金事務所へ社会保険料として17,825千円を銀行預金口座から支払った。なお、支払額のうち、職員預り分は8,814千円、事業主負担分は9,011千円であった。

【総勘定元帳上の仕訳】

　　（借方）法 定 福 利 費　　9,011　（貸方）現 　金 　預 　金　17,825

　　　　　　職 員 預 り 金　　8,814

【資金収支元帳上の仕訳】

　　（借方）法 定 福 利 費　　9,011　（貸方）支 　払 　資 　金　　9,011

　事業主負担分は支払時に法定福利費に計上し、職員預り分は職員への給料支払時に職員預り金に計上されているため、当該金額を取り崩す処理を行うことになります。

　なお、上記仕訳の【資金収支元帳上の仕訳】の（貸方）支払資金の金額9,011千円は、【総勘定元帳上の仕訳】の（貸方）現金預金の金額17,825千円から（借方）職員預り金の金額8,814千円を差し引いた金額となります。すなわち、（貸方）現金預金及び（借方）職員預り金は、流動資産又は流動負債に属する勘定科目であるため、【資金収支元帳上の仕訳】ではそれぞれ支払資金となるため、17,825千円から8,814千円を差し引いた9,011千円が（貸方）支払資金の金額となります。

Q3 産休職員の社会保険料を銀行預金口座から振り込み、立替払いした

1　仕訳に際しての考え方

(1)　銀行預金口座に振り込んだ　＝　お金を払った

　→　現金預金という<u>資産の減少</u>　→　　貸方側の話　→（貸方）現金預金

(2)　借方側を取引の8要素から考えます。

　　　社会保険料の立替払い　→　立替金という資産の増加

　→（借方）立替金

2　勘定科目説明

　・立替金

　　　一時的に立替払いをした場合の債権額をいいます。

3　具体的な仕訳処理

【総勘定元帳上の仕訳】

　　（借方）立　　替　　金　×××　（貸方）現　金　預　金　×××

【資金収支元帳上の仕訳】

　　（借方）支　払　資　金　×××　（貸方）支　払　資　金　×××

　【総勘定元帳上の仕訳】において借方勘定科目及び貸方勘定科目が共に流動資産に属する勘定科目ではあるため、【資金収支元帳上の仕訳】においては借方勘定科目及び貸方勘定科目共に「支払資金」となります。

Q4 顧問の税理士事務所の手数料を銀行預金口座から振り込んだ

1 仕訳に際しての考え方

【手数料の支払】

(1) 銀行預金口座から支払った ＝ お金を払った

　→ 現金預金という<u>資産の減少</u> → 　貸方側の話 →（貸方）現金預金

(2) 借方側を取引の8要素から考えます。

　　税理士事務所手数料 → 手数料という費用の発生 →（借方）手数料

【手数料から控除した源泉税等の預り】

(1) 源泉税等の預り ＝ お金を受け取った

　→ 現金預金という資産の増加 → 借方側の話 →（借方）現金預金

(2) 貸方側を取引の8要素から考えます。

　　源泉税等の預り → 預り金という負債の増加 →（借方）預り金

2 勘定科目説明

・手数料

　　役務提供にかかる費用のうち、業務委託費以外のものをいいます。

3 具体的な仕訳処理

【総勘定元帳上の仕訳】

　　（借方）手　　数　　料　×××　（貸方）現　金　預　金　×××

　　　　　　現　金　預　金　×××　　　　　預　　り　　金　×××

【資金収支元帳上の仕訳】

　（借方）手 数 料 支 出　　×××　（貸方）支　払　資　金　×××

　税理士事務所へ手数料を支払う取引、源泉税等を預かったという取引が含まれています。そのため、それぞれについて仕訳処理を行う必要があります。

(1)　税理士事務所の手数料と支払うという取引

①　銀行預金口座から支払った　＝　お金を払った

→　現金預金という<u>資産の減少</u>　→　　貸方側の話　→（貸方）現金預金

②　税理士事務所手数料の支払　→　手数料という費用の発生

→（借方）手数料

【総勘定元帳上の仕訳】

　（借方）手　　数　　料　×××　（貸方）現　金　預　金　×××

【資金収支元帳上の仕訳】

　（借方）手 数 料 支 出　×××　（貸方）支　払　資　金　×××

---

(2)　源泉税等を預かったという取引

①　銀行預金口座へ振り込んだ　＝　お金を受け取った

→　現金預金という資産の増加　→　借方側の話　→（借方）現金預金

②　源泉税等の預り　→　預り金という負債の増加　→（借方）預り金

【総勘定元帳上の仕訳】

　（借方）現　金　預　金　×××　（貸方）預　　り　　金　×××

【資金収支元帳上の仕訳】

　　（借方）支　払　資　金　　×××　（貸方）支　払　資　金　　×××

Q 5　建物の建築代金を銀行預金口座から振り込んだ

1　仕訳に際しての考え方

(1)　銀行預金口座から支払った　＝　お金を払った

　　→　現金預金という資産の減少　→　　貸方側の話　→（貸方）現金預金

(2)　借方側を取引の8要素から考えます。

　　建物の建築代金の支払　→　建物の取得　→　建物という資産の増加

　　→（借方）建物

2　具体的な仕訳処理

【総勘定元帳上の仕訳】

　　（借方）建　　　　　物　×××　（貸方）現　金　預　金　×××

【資金収支元帳上の仕訳】

　　（借方）建物取得支出　×××　（貸方）支　払　資　金　×××

減価償却するものの要件って何？

　建物、構築物、機械及び装置、車輌運搬具、器具及び備品、有形リース資産、権利、ソフトウェア等は、減価償却により資産の価値が減少します。これらの資産を総称して減価償却資産といいます。

　減価償却資産として計上しなければならない資産は、耐用年数が１年以上、かつ、１個若しくは１組の金額が10万円以上の資産です。なお、土地は、時の経過等により価値が減少しないため、減価償却資産ではありません。そのため、耐用年数が１年未満のもの、１個若しくは１組の金額が10万円未満のものは、減価償却資産として計上する必要はなく、支出額を消耗器具備品費、事務消耗品費等に計上することになります。

　減価償却資産は、取得（購入）時点で資産に計上します。その後、後述する決算整理手続で毎年の減価償却費を計算し、資産の金額から控除します。

Q6　施設建物の屋根の修理代を銀行預金口座から振り込んだ

1　仕訳に際しての考え方

(1)　銀行預金口座から支払った ＝ お金を払った

　　→ 現金預金という<u>資産の減少</u> → 　貸方側の話 →（貸方）現金預金

(2)　借方側を取引の8要素から考えます。

　　屋根の修理代 → 修繕費という資産の増加 →（借方）修繕費

2　勘定科目説明

・修繕費

　　建物、器具及び備品等の修繕又は模様替の費用をいいます。ただし、建物、器具及び備品を改良し、耐用年数を延長させるような資本的費用を含みません。

3　具体的な仕訳処理

【総勘定元帳上の仕訳】

　　（借方）修　　繕　　費　×××　（貸方）現　金　預　金　×××

【資金収支元帳上の仕訳】

　　（借方）修 繕 費 支 出　×××　（貸方）支　払　資　金　×××

　修繕等をした際に支払った金額を固定資産又は修繕費いずれに計上するかについては、以下のように考えます。

　固定資産の性能の向上、改良、又は耐用年数を延長するために要した金額　→　固定資産に計上します。

　固定資産の本来の機能を回復するために要した金額（原状回復費用）

　　→　修繕費に計上します。

例）介護報酬改定に伴い、介護報酬請求システムをバージョンアップした。

　　　　単位数の変更等のみのためのバージョンアップ　→　修繕費

　　　　単位数の変更等に加え、新たな機能を追加した

　→　固定資産（ソフトウェア）

ちょっと一息

資産でなければ費用！

仕訳の左側（借方）は、お金の使い方が示されることを前に述べました。このことをもう一度考えてみたいと思います。

お金の使い方には、基本的には資産となる場合か費用になる場合しかないということです。お金を使うということは、現金預金という資産が減少するため、仕訳では「（貸方）現金預金」となります。仕訳を完成させるためには、借方の勘定科目を決定しなければなりません。借方の勘定科目を考えた際、負債が減少するような取引を除けば、借方の勘定科目は資産に属する勘定科目か費用に属する勘定科目しかありません。そのため、資産でなければ費用、費用でなければ資産ということになります。

以下の場合の借方勘定科目を考えてみたいと思います。

(1)　200,000円のパソコン1台を買った。
　　この場合、買った金額が1台100,000円を超えているため、借方勘定科目は資産（器具及び備品）になります。

(2)　90,000円のパソコン1台を買った。
　　この場合、買った金額が1台100,000円を超えていないため、借方勘定科目は費用（消耗器具備品費等）になります。

なお、(1)の場合には、買った金額200,000円は資産に計上されますが、毎年の減価償却を通じて、資産に計上された金額が費用に振り替えられていくことになります。

Q7　送迎用車輌の寄附を受けた

1　仕訳に際しての考え方

(1)　車輌の寄附を受けた　＝　財産をもらった

　　→　車輌運搬具という<u>資産の増加</u>　→　　借方側の話

　　→　（借方）車輌運搬具

(2)　貸方側を取引の8要素から考えます。

　　→　寄附を受けた　→　固定資産受贈額という収益の発生

　　→　（貸方）固定資産受贈額

2　具体的な仕訳処理

【総勘定元帳上の仕訳】

　　（借方）車　輌　運　搬　具　　×××　（貸方）固定資産受贈額　　×××

【資金収支元帳上の仕訳】

　　仕訳なし

　当該設例は、固定資産に計上しなければならない財産の寄附を受けた場合です。

　上記仕訳の【総勘定元帳上の仕訳】に関して、借方勘定科目又は貸方勘定科目が流動資産又は流動負債に属する勘定科目ではありません。そのため、【資金収支元帳上の仕訳】は不要となります。したがって、固定資産の寄附を受けた場合には【総勘定元帳上の仕訳】のみ行うことになります。

Q8	設備資金借入金の借入れを行い、借入金額が銀行預金口座に振り込まれた

1　仕訳に際しての考え方

(1)　銀行預金口座に振り込まれた ＝ お金を受け取った

　　→ 現金預金という<u>資産の増加</u> →　借方側の話 →（借方）現金預金

(2)　貸方側を取引の8要素から考えます。

　　設備資金借入金の借入れ → 設備資金借入金という負債の増加

　→（貸方）設備資金借入金

2　勘定科目説明

・設備資金借入金

　　　施設設備等に係る外部からの借入金で、貸借対照表日の翌日から起算して支払の期限が1年を超えて到来するものをいいます。

3　具体的な仕訳処理

【総勘定元帳上の仕訳】

　　（借方）現　金　預　金　×××　（貸方）設備資金借入金　×××

【資金収支元帳上の仕訳】

　　（借方）支　払　資　金　×××　（貸方）設備資金借入金収入　×××

＊　総勘定元帳上の仕訳における借方勘定科目「現金預金」は、流動資産に属する勘定科目です。そのため、資金収支元帳上の仕訳が必要となるため、借方勘定科目は「支払資金」となります。貸方勘定科目は、資金収支計算書上の勘定科目である「設備資金借入金収入」となります。

Q9　設備資金借入金の返済額を銀行預金口座から振り込んだ

1　仕訳に際しての考え方

(1)　銀行預金口座から振り込んだ ＝ お金を払った

　→ 現金預金という<u>資産の減少</u> →　　貸方側の話 →（貸方）現金預金

(2)　借方側を取引の8要素から考えます。

　　設備資金借入金の返済 → 設備資金借入金という負債の減少

　→（借方）設備資金借入金

2　具体的な仕訳処理

【総勘定元帳上の仕訳】

　　（借方）設備資金借入金　×××　（貸方）現　金　預　金　×××

【資金収支元帳上の仕訳】

　　（借方）設備資金借入金
　　　　　　元 金 償 還 支 出　×××　（貸方）支　払　資　金　×××

＊　総勘定元帳上の仕訳における貸方勘定科目「現金預金」は、流動資
産に属する勘定科目です。そのため、資金収支元帳上の仕訳が必要と
なるため、借方勘定科目は「支払資金」となります。借方勘定科目は、
資金収支計算書上の勘定科目である「設備資金借入金元金償還支出」
となります。

国債（投資有価証券）を購入し、代金を銀行預金口座から振り込んだ

1　仕訳に際しての考え方

(1)　銀行預金口座から振り込んだ ＝ お金を払った

　→ 現金預金という<u>資産の減少</u> → 　貸方側の話 →（貸方）現金預金

(2)　借方側を取引の8要素から考えます。

　　国債の取得 → 投資有価証券という資産の増加

　→（借方）投資有価証券

2　勘定科目説明

・投資有価証券

　　長期的に所有する有価証券で基本財産に属さないものをいいます。

3　具体的な仕訳処理

【総勘定元帳上の仕訳】

　　（借方）投 資 有 価 証 券　×××　（貸方）現　金　預　金　×××

【資金収支元帳上の仕訳】

　　（借方）投 資 有 価 証 券
　　　　　　取 得 支 出　×××　（貸方）支　払　資　金　×××

＊　総勘定元帳上の仕訳における貸方勘定科目「現金預金」は、流動資
　　産に属する勘定科目です。そのため、資金収支元帳上の仕訳が必要と
　　なるため、借方勘定科目は「支払資金」となります。借方勘定科目は、
　　資金収支計算書上の勘定科目である「投資有価証券取得支出」となり
　　ます。

Q11 　建物の減価償却費を計上した

1　仕訳に際しての考え方

(1)　減価償却　→　減価償却費という費用の発生　→（借方）減価償却費

(2)　借方側を取引の8要素から考えます。

　　建物の減価償却　→　建物の価値の減少　→　資産の減少

　→（貸方）建物

2　勘定科目説明

・減価償却費

　　固定資産の減価償却の額をいいます。

3　具体的な仕訳処理

【総勘定元帳上の仕訳】

　　（借方）減 価 償 却 費　　×××　（貸方）建　　　　　　物　　×××

【資金収支元帳上の仕訳】

　　　仕訳なし

①　減価償却の考え方

　現金100万円で車を買いました。その車は5年間乗る予定です。

　収支状況としては、車を買うために100万円の現金を支出した。

　車を5年使うのであれば、買った金額を5年に按分した方が正しい業績が見れるように思えませんか？

> ということで、100万円÷5年＝20万円が毎年の減価償却費になります。

　減価償却とは、減価償却の対象となる固定資産を買った場合に、その買った金額をその資産を使用できる期間に按分することをいいます。また、減価償却とは、資産の価値は時の経過や使用等によりその価値が減少すると考え、この価値の減少部分を費用に計上すると共に資産の価値を減少させることということもできます。

② 定額法による減価償却費の計算
　減価償却費の方法としては、いくつかの方法がありますが、そのうちの1つに定額法という方法があります。
　定額法による減価償却費の計算方法は次のとおりです。

> 定額法の減価償却費　＝　取得価額　÷　耐用年数

(1) 取 得 価 額
　資産を買った金額を取得価額といいます。

(2) 耐 用 年 数
　取得価額を按分する期間を耐用年数といい、資産の使用可能期間をいいます。
　なお、耐用年数については、税務上の耐用年数である「減価償却資産の耐用年数等に関する省令」（昭和40年3月31日大蔵省令第15号）によります。

③　減価償却の記帳方法

減価償却費の記帳方法には、直接法と間接法とがあります。

| 直接法 |

減価償却累計額を使用せず、各会計年度の減価償却額を各固定資産残高から直接減額する方法をいう。

（借方）減 価 償 却 費　×××　（貸方）器 具 及 び 備 品　×××

| 間接法 |

各会計年度の減価償却額を減価償却累計額に計上する方法をいう。

（借方）減 価 償 却 費　×××　（貸方）器 具 及 び 備 品
減価償却累計額　×××

　なお、固定資産の貸借対照表の表示に関して、減価償却累計額を直接控除した残額のみを記載している場合には、当該資産の取得価額、減価償却累計額及び当会計年度末残高を注記しなければなりません。

④　減価償却費計上の仕訳の特徴

　【総勘定元帳上の仕訳】に関して、借方勘定科目又は貸方勘定科目が流動資産又は流動負債に属する勘定科目ではありません。そのため、減価償却費計上仕訳では、【資金収支元帳上の仕訳】は不要となります。

1 仕訳に際しての考え方

(1) 賞与引当金の繰入れ → 賞与引当金繰入という費用の発生

　　→ (借方) 賞与引当金繰入

(2) 借方側を取引の8要素から考えます。

　　賞与引当金の計上 → 賞与引当金という負債の増加

　　→ (貸方) 賞与引当金

2 勘定科目説明

　・賞与引当金繰入

　　　職員に対する翌会計期間に確定する賞与の当該会計期間に係る部分の見積額をいいます。

3 具体的な仕訳処理

【総勘定元帳上の仕訳】

　(借方) 賞与引当金繰入　×××　(貸方) 賞 与 引 当 金　×××

【資金収支元帳上の仕訳】

　　　仕訳なし

　職員に対し賞与を支給することとされている場合、当該会計年度の負担に属する金額を当該会計年度の費用に計上すると共に、賞与引当金として計上します。

　具体的には、法人と職員との雇用関係に基づき、毎月の給料の他に賞与を支給する場合において、翌期に支給する職員賞与のうち、支給対象期間

が当会計年度に帰属する部分の支給見込額を賞与引当金として計上します。

　支給対象期間（例えば、夏の賞与は○月～○月分）が給与規程等で定められている場合、定期的に発生する賞与は、賞与支給時に一度に発生するではなく、支給対象期間内の勤務を通じて徐々に発生していきます。このような、夏季賞与の支給対象期間のうち前期の会計年度に含まれる期間がある場合には、前期の会計年度にも賞与が発生していることになります。

　そこで、実際の賞与の支給は翌期の会計年度であったとしても、当該賞与の支給対象期間のうち当期の会計年度に属する金額を見積もり、賞与引当金として計上します。

【設例】

　支給対象期間　12月1日から5月31日までの分を6月15日に支給
　　　　　　　　6月1日から11月30日までの分を12月15日に支給
　X2年及びX3年の賞与の支給状況は以下のとおりです。

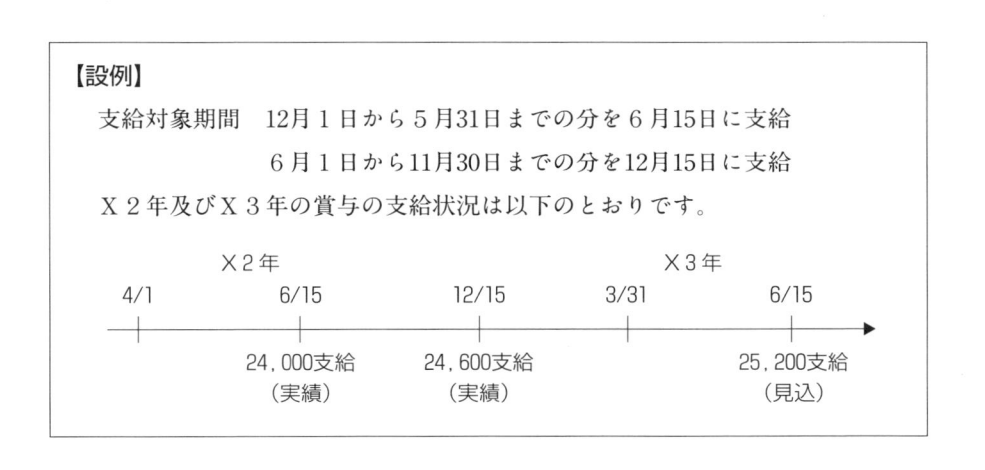

Case 1　賞与引当金を計上しない場合

事業活動計算書

	X2年度	摘　　　要
職員賞与	▲ 48,600	1.12.1 ～ 2.5.31 ▲ 24,000 2.6.1 ～ 2.11.30 ▲ 24,600
当期活動増減差額	▲ 48,600	

2.6.15の賞与支給時の仕訳

【総勘定元帳上の仕訳】

（借方）職 員 賞 与　24,000　（貸方）現 金 預 金　24,000

【資金収支元帳上の仕訳】

（借方）職 員 賞 与 支 出　24,000　（貸方）支 払 資 金　24,000

＊　2.12.15の賞与支給時の仕訳は省略します。Case 2 も同様です。

【総勘定元帳上の仕訳】

貸方側　　賞与を払った → 現金預金という資産の減少

→（貸方）現金預金　24,000

借方側　　賞与の支払 → 職員賞与という費用に発生

→（借方）職員賞与　24,000

【資金収支元帳上の仕訳】

貸方側　　【総勘定元帳上の仕訳】現金預金 → 流動資産

→（貸方）支払資金　24,000

借方側　　【総勘定元帳上の仕訳】職員賞与 ＝ 事業活動計算書上
の勘定科目 → 資金収支計算書上の勘定科目 ＝ 職員賞
与支出

→（借方）職員賞与支出　24,000

　事業活動計算書上の「職員賞与」に計上される金額は、支給対象期間
1.12.1～2.11.30に対応するＸ２年度内に実際に支給された賞与額とな
ります。そのため、事業活動計算書上の「職員賞与」の金額は、資金収支
計算書上の「職員賞与支出」の金額と一致します。

Case 2　賞与引当金を計上した場合

事業活動計算書

	X 2年度	摘　　　要				
職員賞与	▲ 32,600	1.12.1 1.12.1 2.6.1	～ ～ ～	1.5.31 2.3.31 2.11.30	▲ 24,000 16,000 ▲ 24,600	
賞与引当金繰入	▲ 16,800	2.12.1	～	3.3.31	16,800	
当期活動増減差額	▲ 49,400					

2.6.15の賞与支給時の仕訳

```
【総勘定元帳上の仕訳】
　（借方）賞 与 引 当 金　16,000　（貸方）現 金 預 金　24,000
　　　　　職 員 賞 与　　 8,000
【資金収支元帳上の仕訳】
　（借方）職 員 賞 与 支 出　24,000　（貸方）支 払 資 金　24,000
```

【総勘定元帳上の仕訳】

　　貸方側　　　賞与を払った → 現金預金という資産の減少

　　　　　　→（貸方）現金預金　24,000

　　借方側　　　賞与の支払

　　　　　　→①　2.6.15の賞与支給見込額を24,000とした場合、X 1
　　　　　　　年度に属する支給対象期間は 4 ヶ月のため、24,000×
　　　　　　　4 ヶ月／ 6 ヶ月＝16,000がX 1 年度の賞与引当金計上
　　　　　　　金額となります。また、賞与支給時の仕訳処理上、前
　　　　　　　期に賞与引当金に計上した金額16,000は既に費用計上
　　　　　　　済みであるため、賞与支給時には当該引当金額を取り
　　　　　　　崩すと共に、実際の支給金額24,000と賞与引当金計上
　　　　　　　金額16,000との差額を「職員賞与」に計上します。

$\rightarrow$ （借方）賞与引当金　16,000

職員賞与　　　8,000

【資金収支元帳上の仕訳】

貸方側　　【総勘定元帳上の仕訳】現金預金　→　流動資産

$\rightarrow$（貸方）支払資金　24,000

借方側　　資金収支計算書上の勘定科目　＝　職員賞与支出

$\rightarrow$　支払資金の減少額は24,000

$\rightarrow$（借方）職員賞与支出　24,000

　事業活動計算書上の「職員賞与」と資金収支計算書上の「職員賞与支出」の金額が一致しません。すなわち、資金収支計算書上、支給対象期間が1.12.1～2.11.30の期間に対応する実際賞与支出金額が「職員賞与支出」に計上されます。これに対し、事業活動計算書上、2.4.1～2.11.30の期間に対応する実際賞与支給額24,000＋24,600－16,000＝32,600が「職員賞与」に計上され、3.12.1～3.3.31の期間に対応する金額25,200×4ヶ月／6ヶ月＝16,800が「賞与引当金繰入」に計上されます。この結果、事業活動計算書に係る賞与計上金額は、2.4.1～3.3.31の期間に対応する金額となります。

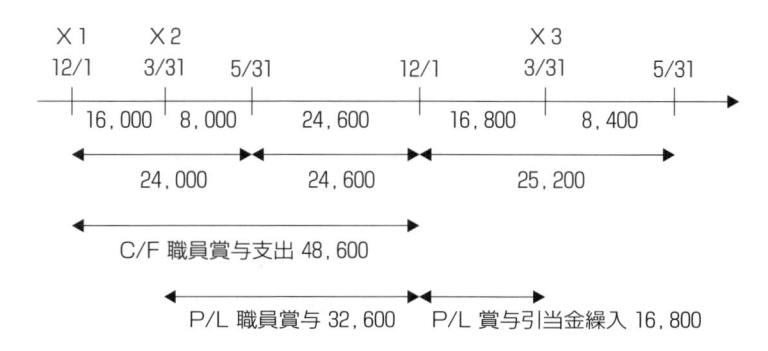

Q13 独立行政法人福祉医療機構の社会福祉施設職員等退職手当共済事業の掛金を銀行預金口座から振り込んだ

1　仕訳に際しての考え方

(1)　銀行預金口座から振り込んだ　＝　お金を払った

　　→　現金預金という資産の減少　→　　貸方側の話　→（貸方）現金預金

(2)　借方側を取引の8要素から考えます。

　　独立行政法人福祉医療機構の社会福祉施設職員等退職手当共済事業の掛金

　　→　退職給付費用という費用の発生　→（借方）退職給付費用

2　勘定科目説明

・退職給付費用

　　従事する職員に対する退職一時金、退職年金等将来の退職給付のうち、当該会計期間の負担に属する金額（役員であることに起因する部分を除く）をいいます。

3　具体的な仕訳処理

【総勘定元帳上の仕訳】

　　（借方）退職給付費用　　×××　（貸方）現　金　預　金　　×××

【資金収支元帳上の仕訳】

　　（借方）退職給付支出　　×××　（貸方）支　払　資　金　　×××

　社会福祉法人会計基準では、独立行政法人福祉医療機構の実施する社会福祉施設職員等退職手当共済制度等（＊）に係る掛金を支払った場合には、掛金額をもって費用処理するとされています（Q14との違い）。

（＊）　確定拠出年金制度のように拠出以後に追加的な負担が生じない外部拠出型の制度

Q14 財団法人○○県民間社会福祉施設職員退職手当共済財団の掛金を銀行預金口座から振り込んだ

1　仕訳に際しての考え方

(1)　銀行預金口座から振り込んだ ＝ お金を払った

　　→ 現金預金という<u>資産の減少</u> → 　貸方側の話 → （貸方）現金預金

(2)　借方側を取引の8要素から考えます。

　　財団法人○○県民間社会福祉施設職員退職手当共済財団の掛金

　　→ 退職給付引当資産という資産の増加 → （借方）退職給付引当資産

2　勘定科目説明

・退職給付引当資産

　　退職金の支払に充てるために退職給付引当金に対応して積み立てた現金預金等をいいます。

3　具体的な仕訳処理

【総勘定元帳上の仕訳】

　　（借方）退職給付引当資産　×××　（貸方）現　金　預　金　×××

【資金収支元帳上の仕訳】

　　（借方）退　職　給　付
　　　　　　引当資産支出　×××　（貸方）支　払　資　金　×××

Q15 退職給付引当金に繰り入れた

1　仕訳に際しての考え方

(1)　退職給付引当金の繰入　→　退職給付費用という費用の発生

　　→（借方）退職給付費用

(2)　借方側を取引の8要素から考えます。

　　退職給付引当金の計上　→　退職給付引当金という負債の増加

　　→（貸方）退職給付引当金

2　具体的な仕訳処理

【総勘定元帳上の仕訳】

　（借方）退職給付費用　　×××　（貸方）退職給付引当金　　×××

【資金収支元帳上の仕訳】

　　仕訳なし

　職員に対し退職金を支給することが定められている場合には、将来支給する退職金のうち、当該会計年度の負担に属すべき金額を当該会計年度の費用に計上し、負債として認識すべき残高を退職給付引当金として計上します。

　社会福祉法人の場合、都道府県等の実施する退職共済制度に加入している場合（掛金を支払った場合の会計処理は119ページ）が多いです。社会福祉法人会計基準では、　都道府県等の実施する退職共済制度において、退職一時金制度等の確定給付型を採用している場合の退職給付引当金の計算方法として以下の方法を規定しています。

$\boxed{\text{第1法}}$　都道府県等の実施する退職共済制度の約定の額を退職給付引当金に計上する方法。

　　　ただし、被共済職員個人の拠出金がある場合は、約定の給付額から被共済職員個人が既に拠出した掛金累計額を差し引いた額を退職給付引当金に計上します。

$\boxed{\text{第2法}}$　期末退職金要支給額（約定の給付額から被共済職員個人が既に拠出した掛金累計額を差し引いた額）を退職給付引当金とし同額の退職給付引当資産を計上する方法

$\boxed{\text{第3法}}$　社会福祉法人の負担する掛金額を退職給付引当資産とし同額の退職給付引当金を計上する方法

なお、原則は第1法、第2法及び第3法は簡便法になります。

	退職給付引当資産	退職給付引当金
第1法	掛金累計額	期末退職金要支給額
第2法	期末退職金要支給額	期末退職金要支給額
第3法	掛金累計額	掛金累計額

Q16 基本金への組入れを行った

1 仕訳に際しての考え方

(1) 基本金の組入れ → 基本金という純資産の増加 → （貸方）基本金

(2) 借方側を取引の8要素から考えます。

　　基本金の組入れ → 基本金組入額という費用の発生

　→（借方）基本金組入額

2 具体的な仕訳処理

【総勘定元帳上の仕訳】

　（借方）基本金組入額　×××　（貸方）基　本　金　×××

【資金収支元帳上の仕訳】

　　仕訳なし

① 基本金の意義

基本金には、社会福祉法人が事業開始等に当たって財源として受け入れた寄附金の額を計上します。

1号	社会福祉法人の設立並びに施設の創設及び増築等のために基本財産等を取得すべきものとして指定された寄附金の額
2号	施設の創設及び増築等のために基本財産等の取得に係る借入金の元金償還に充てるものとして指定された寄附金の額
3号	施設の創設及び増築時等のために保持すべき運転資金に充てるものとして指定された寄附金の額

社会福祉法人会計においては、特定の使途で受け取った寄附金は、基本金へ組み入れなければなりません。

②　基本金の組入れに係る会計処理

　　基本金の組入対象となる寄附金を受領した場合には、当該寄附金を事業活動計算書の特別収益に計上した後、その収益に相当する額を基本金組入額として特別費用に計上し、基本金の組入れを行います。

【設例】

　　施設創設費用として、理事者から1,000万円の寄附金を受領した。

---

(1)　寄附金受入れの仕訳

【総勘定元帳上の仕訳】

　（借方）現　金　預　金　　1,000　（貸方）施　設　整　備　等　　1,000
　　　　　　　　　　　　　　　　　　　　　　寄　附　金　収　益

【資金収支元帳上の仕訳】

　（借方）支　払　資　金　　1,000　（貸方）施　設　整　備　等　　1,000
　　　　　　　　　　　　　　　　　　　　　　寄　附　金　収　入

【総勘定元帳上の仕訳】

　　借方側　　受領した → 現金預金という資産の増加

　　　　　　　　→（借方）現金預金

　　貸方側　　施設創設費用としての寄附金の受領

　　　　　　　　→ 施設整備等寄附金収益という収益の発生

　　　　　　　　→（貸方）施設整備等寄附金収益

【資金収支元帳上の仕訳】

　　借方側　　【総勘定元帳上の仕訳】現金預金 → 流動資産

　　　　　　　　→（借方）支払資金

　　貸方側　　【総勘定元帳上の仕訳】施設整備等寄附金収益 ＝ 事業活動計算書上の勘定科目 → 資金収支計算書上の勘定科

目 ＝ 施設整備等寄附金収入

　　　→（貸方）施設整備等寄附金収入

(2)　基本金組入れの仕訳

【総勘定元帳上の仕訳】

　（借方）基 本 金 組 入 額　　1,000　（貸方）基　　本　　金　　1,000

【資金収支元帳上の仕訳】

　　　仕訳なし

【総勘定元帳上の仕訳】

　　貸方側　　　基本金の組入れ → 基本金という純資産の増加

　　　　　　→（貸方）基本金

　　借方側　　　基本金の組入れ → 基本金組入額という費用の発生

　　　　　　→（借方）基本金組入額

【資金収支元帳上の仕訳】

　　【総勘定元帳上の仕訳】において借方勘定科目及び貸方勘定科目が共に流動資産又は流動負債に属する勘定科目ではないため仕訳不要となります。

③　事業活動計算書の表示

事業活動計算書

特別増減の部

収益	施設整備等寄附金収益	1,000
費用	基本金組入額	1,000

　基本金の組入れにより、寄附金の受領から事業活動計算書上の増減差額は発生しないことになります。

Q17 基本金を取り崩した

1　仕訳に際しての考え方

(1)　基本金の取崩し → 基本金という純資産の減少 →（借方）基本金

(2)　借方側を取引の8要素から考えます。

基本金の取崩し →（貸方）基本金取崩額

2　具体的な仕訳処理

【総勘定元帳上の仕訳】

（借方）基　　本　　金　×××　（貸方）基 本 金 取 崩 額　×××

【資金収支元帳上の仕訳】

仕訳なし

①　基本金の取崩し

社会福祉法人が事業の一部又は全部を廃止し、かつ基本金組入れの対象となった基本財産又はその他の固定資産が廃棄され、又は売却された場合には、当該事業に関して組み入れられた基本金の一部又は全部の額を取り崩し、その金額を事業活動計算書の繰越活動増減差額の部に計上します。

なお、基本金を取り崩す場合には、基本財産の取崩しと同様、事前に所轄庁に協議し、内容の審査を受けなければなりません。

Q18 国庫補助金等を受領し、国庫補助金等特別積立金に積み立てた

1 仕訳に際しての考え方

(1) 国庫補助金等特別積立金の積立て

→ 国庫補助金等特別積立金という純資産の増加

→ （貸方）国庫補助金等特別積立金

(2) 借方側を取引の8要素から考えます。

国庫補助金等特別積立金の積立て

→ 国庫補助金等特別積立金積立額という費用の発生

→ （借方）国庫補助金等特別積立金積立額

2 具体的な仕訳処理

【総勘定元帳上の仕訳】

（借方）国庫補助金等特別積立金積立額 ××× （貸方）国庫補助金等特別積立金 ×××

【資金収支元帳上の仕訳】

仕訳なし

① 国庫補助金等特別積立金の意義

国庫補助金等特別積立金には、社会福祉法人が施設及び設備のために国、地方公共団体等から受領した補助金、助成金及び交付金等（以下「国庫補助金等」という）の額を計上します。

簡単に言えば、建物や備品等を取得するために補助金を受領した場合には、国庫補助金等特別積立金に積み立てなければなりません。

②　国庫補助金等特別積立金積立てに係る会計処理

　国庫補助金等特別積立金の積立対象となる補助金の交付を受けた場合には、当該補助金を事業活動計算書の特別収益に計上した後、その収益に相当する額を国庫補助金等特別積立金積立額として特別費用に計上し、国庫補助金等特別積立金の積立てを行います。

【設例】
　施設整備事業に関し、行政から補助金5,000万円受領した。

---

(1)　補助金受入れの仕訳

【総勘定元帳上の仕訳】			
（借方）現　金　預　金	5,000	（貸方）施 設 整 備 等 補 助 金 収 益	5,000
【資金収支元帳上の仕訳】			
（借方）支　払　資　金	5,000	（貸方）施 設 整 備 等 補 助 金 収 入	5,000

【総勘定元帳上の仕訳】
　　借方側　　受領した → 現金預金という資産の増加
　　　　　　　→（借方）現金預金
　　貸方側　　施設創設費用としての補助金の受領
　　　　　　　→ 施設整備等補助金収益という収益の発生
　　　　　　　→（貸方）施設整備等補助金収益

【資金収支元帳上の仕訳】
　　借方側　　【総勘定元帳上の仕訳】現金預金 → 流動資産
　　　　　　　→（借方）支払資金

貸方側　【総勘定元帳上の仕訳】施設整備等補助金収益 ＝ 事業活動計算書上の勘定科目 → 資金収支計算書上の勘定科目 ＝ 施設整備等補助金収入

→（貸方）施設整備等補助金収入

(2)　国庫補助金等特別積立金積立ての仕訳

【総勘定元帳上の仕訳】					
（借方）国庫補助金等特別積立金積立額	5,000	（貸方）国庫補助金等特別積立金	5,000
【資金収支元帳上の仕訳】					
仕訳なし					

【総勘定元帳上の仕訳】

貸方側　　国庫補助金等特別積立金の積立て

→ 国庫補助金等特別積立金という純資産の増加

→（貸方）国庫補助金等特別積立金

借方側　　国庫補助金等特別積立金の積立て

→ 国庫補助金等特別積立金積立額という費用の発生

→（借方）国庫補助金等特別積立金積立額

【資金収支元帳上の仕訳】

　【総勘定元帳上の仕訳】において借方勘定科目及び貸方勘定科目が共に流動資産又は流動負債に属する勘定科目ではないため仕訳不要となります。

③　事業活動計算書の表示

事業活動計算書

特別増減の部

収益	施設整備等補助金収益	5,000
費用	国庫補助金等特別積立金積立額	5,000

　国庫補助金等特別積立金の積立てにより、補助金の受取から事業活動計算書上の増減差額収支差額は発生しないことになります。

Q19 対象資産の減価償却費に対応する国庫補助金等特別積立金額を取り崩した

1 仕訳に際しての考え方

(1) 国庫補助金等特別積立金の取崩し

→ 国庫補助金等特別積立金という純資産の減少

→ (借方) 国庫補助金等特別積立金

(2) 貸方側を取引の8要素から考えます。

国庫補助金等特別積立金の取崩し

→ (貸方) 国庫補助金等特別積立金取崩額

2 具体的な仕訳処理

【総勘定元帳上の仕訳】

(借方) 国庫補助金等特別積立金　×××　(貸方) 国庫補助金等特別積立金取崩額　×××

【資金収支元帳上の仕訳】

仕訳なし

① 国庫補助金等特別積立金の取崩額の計算

国庫補助金等特別積立金に積立金額に関しては、補助金受領の対象となった資産の減価償却費に対応する金額を毎会計年度規則的に取り崩さなければなりません。

国庫補助金等特別積立金の取崩額の計算は、次のようになります。

$$国庫補助金等特別積立金の取崩額 = A \times \frac{C}{B}$$

A；国庫補助金等により取得した資産の減価償却費

B；国庫補助金等により取得した資産の取得価額

C；国庫補助金等の額

【設例】

　取得価額10,000千円の施設整備等に関し、7,500千円の施設整備等補助金を受領　（耐用年数は20年）

【総勘定元帳上の仕訳】

　（借方）国庫補助金等特別積立金　×××　（貸方）国庫補助金等特別積立金取崩額　×××

【資金収支元帳上の仕訳】

　　　仕訳なし

減価償却費：

　取得価額　10,000千円　÷　20年　＝　500千円

国庫補助金等特別積立金取崩額：

　減価償却費　500千円　×　（7,500千円　÷　10,000千円）　＝　375千円

＊　国庫補助金等特別積立金取崩額375千円は、国庫補助金等の受領額7,500千円を耐用年数20年で除して計算することも可能です。

②　国庫補助金等特別積立金取崩額の事業活動計算書への表示

(1)　減価償却費の計上に伴い国庫補助金等特別積立金を取り崩す場合

　→　事業活動計算書上、国庫補助金等特別積立金取崩額はサービス活動費用（具体的には、減価償却費）の控除項目として表示されます。

(2)　国庫補助金等特別積立金の積立ての対象となった基本財産等が廃棄され又は売却された場合

　→　当該資産に相当する国庫補助金等特別積立金の額を取り崩し、事業

活動計算書の特別費用（具体的には固定資産売却損・処分損）に控除項目として表示されます。

（参考）　国庫補助金等特別積立金に係る会計処理の趣旨

固定資産に係る減価償却費は、取得財源にかかわらず取得価額を基礎として期間配分される。これに対し、固定資産の取得のために受領した補助金額は、通常は交付年度の収益金額として全額計上されることとなります。

【設例】

施設整備事業に関し、行政から補助金5,000万円を受領した。

資産の取得価額は7,500千円。耐用年数　10年。

＜国庫補助金等特別積立金に係る会計処理を採用していない場合＞

（単位；千円）

	1年目	2年目	3年目		10年目	合　計
補助金収益	5,000	0	0		0	5,000
収益合計	5,000	0	0	……	0	5,000
減価償却費	750	750	750		750	7,500
費用合計	750	750	750		750	7,500
差額	4,250	▲ 750	▲ 750		▲ 750	▲ 2,500

＊　毎年の減価償却費　資産の取得価額7,500÷10年＝750

1年目には補助金収益5,000千円が計上されるため、1年目の収益と費用の差額は4,250千円となります。2年目以降は、減価償却費750千円のみが計上されるため、収益と費用の差額は10年目まで毎年▲750千円となります。

＜国庫補助金等特別積立金に係る会計処理を採用した場合＞

	1年目	2年目	3年目		10年目	合　計
補助金収益	5,000	0	0		0	5,000
取崩額	500	500	500		500	5,000
収益合計	5,500	500	500	……	500	10,000
積立額	5,000	0	0		0	5,000
減価償却費	750	750	750		750	7,500
費用合計	5,750	750	750		750	12,500
差額	▲ 250	▲ 250	▲ 250		▲ 250	▲ 2,500

＊　毎年の減価償却費　資産の取得価額7,500÷10年＝750
　　毎年の国庫補助金等特別積立金取崩額　補助金額5,000÷10年＝500

　1年目には補助金収益5,000千円が計上され、同額の（国庫補助金等特別積立金）積立額5,000千円が計上されるため、補助金受入れに伴う収益と費用の差額は0となります。また、毎年の減価償却費750千円に対応して（国庫補助金等特別積立金）取崩額500千円が計上されるため、1年目から10年目までの収益と費用の差額は毎年▲250千円となります。

　上表のとおり、補助金により資産を取得した後、耐用年数到来時までの1年目から10年目までの収益と費用の差額の合計額は、国庫補助金等特別積立金を計上する場合、計上しない場合いずれも▲2,500で同額です。しかし、各年度における収支差額は選択する会計処理の方法により異なります。言い換えれば、国庫補助金等特別積立金を計上することにより補助金受入れに係る収益と費用の差額は、毎年同額とすることができます。

事業未収金に計上されていた金額が銀行預金口座に振り込まれた

1　仕訳に際しての考え方

(1)　銀行預金口座に振り込まれた ＝ お金を受け取った

　　→ 現金預金という<u>資産の増加</u> → 借方側の話 →（借方）現金預金

(2)　貸方側を取引の8要素から考えます。

　　事業未収金の回収 → 事業未収金という資産の減少

　　→（貸方）事業未収金

2　勘定科目説明

　・事業未収金

　　事業収益に対する未収入金をいいます。

3　具体的な仕訳処理

【総勘定元帳上の仕訳】

　（借方）現 金 預 金　×××　（貸方）事 業 未 収 金　×××

【資金収支元帳上の仕訳】

　（借方）支 払 資 金　×××　（貸方）支 払 資 金　×××

　　【総勘定元帳上の仕訳】において借方勘定科目及び貸方勘定科目が共に流動資産に属する勘定科目ではあるため、【資金収支元帳上の仕訳】においては借方勘定科目及び貸方勘定科目共に「支払資金」となります。

Q21 事業未払金に計上されていた金額を銀行預金口座から振り込んだ

1　仕訳に際しての考え方

(1)　銀行預金口座に振り込んだ ＝ お金を払った

　　→ 現金預金という<u>資産の減少</u> → 貸方側の話 →（貸方）現金預金

(2)　借方側を取引の8要素から考えます。

　　事業未払金の支払 → 事業未払金という負債の減少

　　→（借方）事業未払金

2　勘定科目説明

　・事業未払金

　　事業活動に伴う費用等の未払債務をいいます。

3　具体的な仕訳処理

【総勘定元帳上の仕訳】

　　（借方）事 業 未 払 金　×××　（貸方）現 金 預 金　×××

【資金収支元帳上の仕訳】

　　（借方）支 払 資 金　×××　（貸方）支 払 資 金　×××

　【総勘定元帳上の仕訳】において借方勘定科目及び貸方勘定科目が共に流動資産に属する勘定科目ではあるため、【資金収支元帳上の仕訳】においては借方勘定科目及び貸方勘定科目共に「支払資金」となります。

Q22 公益事業区分から社会福祉事業区分へ資金を繰り入れた

1　仕訳に際しての考え方

＜公益事業区分＞

(1)　資金を繰り入れた ＝ お金を払った

　　→ 現金預金という資産の減少 → 貸方側の話 →（貸方）現金預金

(2)　借方側を取引の8要素から考えます。

　　→ 資金を繰り入れた → 繰入金費用という費用の発生 →（借方）繰入
　　金費用

2　勘定科目説明

　　・事業区分間繰入金費用

　　　　他の事業区分への繰入額をいう。

　　・拠点区分間繰入金費用

　　　　同一事業区分内における他の拠点区分への繰入額をいう。

　　・事業区分間繰入金収益

　　　　他の事業区分からの繰入金収益をいう。

　　・拠点区分間繰入金収益

　　　　同一事業区分内における他の拠点区分からの繰入金収益をいう。

3　具体的な仕訳処理

　　繰入れとは、法人内の事業区分間や拠点区分間で資金を移動することを
いいます。

　　また、事業区分とは、通常は定款上の規定に基づく区分をいい、社会福
祉事業区分、公益事業区分、収益事業区分しかありません。さらに、拠点
区分とは、原則として、一体として運営される施設、事業所又は事務所ご

との区分をいいます。

　社会福祉法人においては、一定の条件の下で事業区分間又は拠点区分間での資金の移動が認められています。

＜公益事業区分＞

【総勘定元帳上の仕訳】

　　（借方）事 業 区 分 間
　　　　　　繰 入 金 費 用　　×××　　（貸方）現　金　預　金　　×××

【資金収支元帳上の仕訳】

　　（借方）事 業 区 分 間
　　　　　　繰 入 金 支 出　　×××　　（貸方）支　払　資　金　　×××

＜社会福祉事業区分＞

【総勘定元帳上の仕訳】

　　（借方）現　金　預　金　　×××　　（貸方）事 業 区 分 間
　　　　　　　　　　　　　　　　　　　　　　　　繰 入 金 収 益　　×××

【資金収支元帳上の仕訳】

　　（借方）支　払　資　金　　×××　　（貸方）事 業 区 分 間
　　　　　　　　　　　　　　　　　　　　　　　　繰 入 金 収 入　　×××

Q23 公益事業区分から社会福祉事業区分へ資金を貸し付けた

1 仕訳に際しての考え方

＜公益事業区分＞

(1) 資金を貸し付けた ＝ お金を払った

　→ 現金預金という資産の減少 → 貸方側の話 → （貸方）現金預金

(2) 借方側を取引の8要素から考えます。

　　資金の貸付 → 貸付金という資産の増加

　→ （借方）事業区分間貸付金

2 勘定科目説明

・事業区分間貸付金

　　他の事業区分への貸付額で、貸借対照表日の翌日から起算して1年以内に入金の期限が到来するものをいう。

・拠点区分間貸付金

　　同一事業区分内における他の拠点区分への貸付額で、貸借対照表日の翌日から起算して1年以内に入金の期限が到来するものをいう。

・事業区分間借入金

　　他の事業区分からの借入額で、貸借対照表日の翌日から起算して1年以内に支払の期限が到来するものをいう。

・拠点区分間借入金

　　同一事業区分内における他の拠点区分からの借入額で、貸借対照表日の翌日から起算して1年以内に支払の期限が到来するものをいう。

3　具体的な仕訳処理

法人内での資金の貸借に関する会計処理になります。

＜公益事業区分＞
　【総勘定元帳上の仕訳】
　　　（借方）事業区分間貸付金　×××　（貸方）現　金　預　金　×××
　【資金収支元帳上の仕訳】
　　　（借方）支　払　資　金　×××　（貸方）支　払　資　金　×××

＜社会福祉事業区分＞
　【総勘定元帳上の仕訳】
　　　（借方）現　金　預　金　×××　（貸方）事業区分間借入金　×××
　【資金収支元帳上の仕訳】
　　　（借方）支　払　資　金　×××　（貸方）支　払　資　金　×××

　なお、【総勘定元帳上の仕訳】において借方勘定科目及び貸方勘定科目が共に流動資産又は流動負債に属する勘定科目ではあるため、【資金収支元帳上の仕訳】においては借方勘定科目及び貸方勘定科目共に「支払資金」となります。

第4章
経理担当者の日常業務

経理担当者が、日常的に行う業務について、小口現金取引、銀行預金取引、試算表作成及び月次報告について、具体的な手続、注意すべき点等について解説をしました。

経理担当者が毎月行う業務には、以下のものがあります。

1．小口現金取引に関する業務
2．銀行預金取引に関する業務
3．試算表作成及び月次報告

1　小口現金取引に関する業務

(1)　小口現金とは

小口現金とは、小口経費の支払のために保有する現金をいいます。

(2)　小口現金の管理方法

小口現金の管理方法には、次の2つがあります。

① 　定額資金前渡制度

　一定期間（1週間、1ヶ月等）に使用する小口現金額をあらかじめ見積もり、その金額を小口現金の取扱担当者に渡し、小口現金取扱担当者はその前渡された現金を小口経費の支払に充て、一定期間終了後にその期間内に支払った現金の補充を受ける制度です。この場合、補充後の金額は当初の前渡金額となり、小口現金の保管残高がその金額を超えることはありません。

② 　随時補給制度

　必要に応じて、随時小口現金の補充を行う制度です。

(3)　小口現金に関連する一連の手続

　社会福祉法人のモデル経理規程では「定額資金前渡制度」によることが明文化されています。そのため、以下では、「定額資金前渡制度」を前提に、小口現金の設定、小口経費の支払、小口現金の補充までの流れ

を説明します。

　4月1日　普通預金から30,000円を払い出し、小口現金を設定した。
　4月4日　小口現金から事務消耗品代として5,400円支払った。
　4月10日　小口現金から近隣施設の開所祝として10,000円を支払った。
　4月15日　小口現金から研修会参加費及び参加の際の旅費として8,900円を支払った。
　4月20日　小口現金から利用者通院時の駐車場代1,000円を支払った。
　4月30日　小口現金の精算を行い、4月に支払った小口経費に関する補充を受けた。

　小口現金に係る取引については、以下のような小口現金出納帳を作成します。

小口現金出納帳

受　入	日付		摘　　要	支　払	支　払　内　訳				残　高
					消耗品	渉外費	研修費	旅　費	
30,000	4	1	受　入						30,000
	4	4	事務消耗品代	5,400	5,400				24,600
	4	10	開所祝	10,000		10,000			14,600
	4	15	研修費	8,900			8,900		5,700
	4	20	駐車場代	1,000				1,000	4,700
			合計	25,300	5,400	10,000	8,900	1,000	
25,300	4	30	受　入						
	4	30	次月繰越	30,000					
55,300				55,300					
30,000	5	1	前月繰越						30,000

　また、上記小口現金に係る日々の仕訳処理は以下のとおりです（資金

収支元帳上の仕訳は省略しています）。

4月1日							
（借方）小　口　現　金	30,000	（貸方）普　通　預　金	30,000
4月30日							
（借方）事務消耗品費	5,400	（貸方）小　口　現　金	25,300
渉　　外　　費	10,000		
研究研修費	8,900		
旅費交通費	1,000		
（借方）小　口　現　金	25,300	（貸方）普　通　預　金	25,300

　なお、小口現金からの出金取引については、日々仕訳処理する実務もあります。

(4)　現金実査

　日々の出納業務終了後は、必ず残っている現金を数えます（これを、現金実査といいます）。その際のポイントは、以下のような金種別在高表を作成し、それを保管しておくということです。手書きのメモ等では汚くて他人に見せられないという理由で、実査結果を改めてワードやエクセルに入力している担当の方もいます。実は、これは会計実務上、正しい処理とは言えません。理由は、実際に現金を数えながら記載した記録が必要なだけで汚いか汚くないかは大きな問題ではありません。言い換えれば、ワードやエクセルに誤って事実と異なる枚数等を入力してしまう等のリスクがあり、会計実務上はそちらの方が問題です。そのため、必ず残しておくのはメモでもいいので実査時に金種別に数量を記載したものを保管するように心掛けてください。

金 種 別 在 高 表

（　　　年　　　月　　　日）

金種（円）	枚数（枚）	金額（円）
10,000		
5,000		
1,000		
500		
100		
50		
10		
5		
1		
合計金額		

　また、抜き打ちで上司に「現金実査をします」といわれると、自分のことを信頼していないとか疑っているのではないかという不安を抱く方がいます。これも誤りです。抜き打ちの現金実査は積極的に受けるべきなのです。その理由は、限られた勤務時間の中でたくさんの業務を兼務でこなしている経理担当者が、日々の業務を適正に行っていることを上司に理解してもらうためのチャンスであるということです。すなわち、上司が現金実査をし、帳簿残高と実査した残高が合わなければ、最初に疑われるのは小口現金の取扱担当者であるということです。現金は盗難等のリスクが特に高い資産なので慎重な対応を行うと共に日々の適正な管理が要求される資産です。

　さらに、モデル経理規程では、以下のような現金過不足に関する規定が設けられています。

> 第31条　現金に過不足が生じたとき、出納職員は、すみやかに原因を調
> 　　査したうえ、遅滞なく会計責任者に報告し、必要な指示を受けるもの
> 　　とする。
> 　2　前項の規定により報告を受けた会計責任者はその事実の内容を確認
> 　　しなければならない。

　人間が行っている業務である以上、毎日、必ず帳簿残高と実査金額が合うとは限りません。この場合も焦る必要はありません。このような場合、原因調査が必要ですが、原因がわかるまで調査をし続ける必要はありません。重要なことは、原因が判明するまで調査を行うのではなく、少し調べて原因が判明しない場合には、上司に報告して指示を受けることです。例えば、帳簿残高と実査金額が20円合わない場合に、2時間残業して原因究明したとすれば、法人の費用負担はどちらの方が大きいでしょうか。おそらく残業代の方が大きいのではないでしょうか。そのため、現金過不足の原因が不明の場合には、速やかに帳簿残高と実査金額との差額を報告して、上司の判断で原因調査を行う必要がないということであれば、現金過不足の処理を行い、当日の小口現金取扱担当者としての業務は終了です。

(5)　領収書の整理

　小口現金から出金に関しては、その支出金額の根拠資料となる領収書等を入手しなければなりません。これらの領収書等は、会計処理の根拠資料であるため整理保管しなければなりません。その際に留意すべきことは、後日確認しようとしたときに円滑にできるような工夫をし、整理しておくことです。具体的な以下の点が考えられます。

　　・　できればスクラップブック、コピー用紙等紙に領収書等を貼付し

て保管する。

・　貼付は、日付順、現金出納帳の記載順等で行います。その際、小口現金出納帳の各取引の「摘要」欄の余白に１から数字を記入し、その番号を領収書等の余白に記入しておくと後日の確認が円滑にできるようになります。

2　銀行預金取引に関する業務

銀行預金取引は、入金取引と出金取引に区分されます。

①　入金取引

②　出金取引

会計伝票を起票（仕訳処理）するためには、取引内容を把握する必要があるため、起票前に関連する資料を整理しておくことをお勧めします。

具体的には、例えば介護保険事業の場合であれば、以下のように区分して資料整理を行います。

【収益】

　　　介護報酬国民健康保険連合会請求額に関する資料

　　　介護報酬利用者負担額に関する資料

　　　行政等からの受託収益に関する資料　等

【費用】

　　　自動引落に関する資料

　　　総合振込等での業者支払に関する請求書等

　　　給料一覧表　等

　　　振込依頼書（インターネットバンキングに関する送信記録、総合振込依頼書含む）

一定の秩序性を持った上で整理しておくとその後の確認が容易にできます。

　また、業者支払等に関しては、あらかじめ以下のようなメモを作成しておくと処理が円滑に行えるようになります。

【仕訳処理メモ】

取引内容・取引業者名	勘 定 科 目	留 意 事 項
	給　　食　　費	
	介 護 用 品 費	
	保 健 衛 生 費	
	医　　療　　費	
	被　　服　　費	
	教 養 娯 楽 費	
	日 用 品 費	
	保 育 材 料 費	
	本 人 支 給 金	
	保　　険　　料	
	葬　　祭　　費	

3　試算表作成及び月次報告

　会計伝票の起票が完了し総勘定元帳への転記（仕訳の会計システムへの入力）が終了した後、試算表を出力します。

　試算表の各勘定科目の残高に関して、例えば以下のような確認を行います。
　　現金・小口現金：現金出納帳の月末残高に一致しているか
　　普通預金等　　　：預金通帳等の当月末残高に一致しているか　等

　残高の確認が終了した後、月次報告用の月次試算表（資金収支計算書、事業活動計算書、貸借対照表）を出力し、月次報告を行います。

第5章
決 算 業 務

年に1回毎年行う決算業務について、貸借対照表の勘定科目ごとの留意点等について解説しました。

1　決算とは

　決算とは、最終的に計算書類（資金収支計算書、事業活動計算書、貸借対照表）を作成することをいいます。具体的には、以下のような手続を経て、計算書類を作成します。

(1)　3月までの月次処理の完了

(2)　決算整理手続

(3)　計算書類の作成

2　決算整理手続

　モデル経理規程では、決算整理事項として以下のようなものを明示しています。

第59条　年度決算においては、次の事項について計算を行うものとする。（注41）

(1)　資産が実在し、評価が正しく行われていることの確認

(2)　会計年度末までに発生したすべての負債が計上されていることの確認

(3)　上記(1)及び(2)に基づく未収金、前払金、未払金、前受金及び貯蔵品の計上

(4)　減価償却費の計上

(5)　引当金の計上及び戻入れ

(6)　基本金の組入れ及び取崩し

(7)　国庫補助金等特別積立金の積立て及び取崩し

(8)　その他の積立金の積立て及び取崩し

(9)　事業区分間、拠点区分間及びサービス区分間における貸付金と借入金の相殺、繰入金収入と繰入金支出の相殺

(10)　注記情報の記載

　具体的には、勘定科目ごとに以下のような確認を行いながら決算整理手

続を進めていきます。

(1) 現　　金

> ① 試算表の期末残高と現金出納帳期末帳簿残高は一致しているか。
> ② 現金出納帳期末帳簿残高と決算日現在の金種別在高表残高は一致しているか。

　現金については、試算表の期末残高、現金出納帳期末残高、決算日現在の金種別在高表残高が一致していることは必ず確認します。なお、確認を行うためにも決算日では必ず現金実査を行い、金種別在高表を作成するようにします。

(2) 預金関係

> ① 試算表の各預金の期末残高は、銀行等発行の残高証明書残高と一致しているか。
> ② ①において、一致しない場合には、銀行残高調整表を作成し、差異金額の原因分析を行っているか。

　決算期末の金融機関等の預金残高については、必ず残高証明書を入手します。その上で、試算表の期末残高と残価証明書残高が一致していることを必ず確認します。

(3) 事業未収金

① 国民健康保険連合会に請求した自立支援費、介護保険報酬等は、介護給付費請求書等に基づき、過不足なく適正に計上しているか。
② 各利用者に請求した利用者負担金及び利用料等の決算日現在の未回収額について内訳明細を作成しているか。
③ ②の内訳明細の合計金額に国民健康保険連合会に請求した介護保険報酬の未収金額を加えた金額は、総勘定元帳未収金残高と一致しているか。

　介護保険サービス等における国民健康保険連合会への請求額に関しては、2月サービス提供分は3月10日までに請求し4月下旬の振込、3月サービス提供分は4月10日までに請求し5月下旬の振込となります。そのため、2月サービス提供分と3月サービス提供分は、3月末日（決算）までにサービス提供が完了しているものの現金等での回収が行われていません。そこで、当該金額は、貸借対照表上「事業未収金」として計上します。

(4) 未収補助金

① 当該会計年度に計上すべき補助金、助成金、受託金等は過不足なく事業未収金に計上されているか。

　補助金等については、行政等の歳出年度（支払を計上した年度）と社会福祉法人の収益計上年度を一致させる必要があります。そのため、決算日現在で受領していない補助金であっても、4月以降に交付される旨の補助金交付決定書を入手している場合、行政等から当会計年度の補助

金として交付する旨の確約が得られている等の場合には、4月以降の受領予定の補助金額を未収補助金として計上します。

(5) **棚卸資産（貯蔵品、医薬品、診療・療養費等材料等）**

> ① 実地棚卸は、決算日に行われているか。
> ② 試算表の期末残高と実地棚卸に基づく棚卸残高は一致しているか。

　切手、収入印紙等で決算日現在未使用分の金額は、貸借対照表上、貯蔵品等の棚卸資産に計上することになります。棚卸資産の計上に関する処理としては、次の2つの方法があります。

設例）① 50,000円の切手を購入した。
　　　② 決算日現在で7,000円が未使用であった（決算整理）。

＜第1法＞
① 【総勘定元帳上の仕訳】
　　（借方）通 信 運 搬 費　50,000　（貸方）現 金 預 金　50,000
　　【資金収支元帳上の仕訳】
　　（借方）通信運搬費支出　50,000　（貸方）支 払 資 金　50,000
② 【総勘定元帳上の仕訳】
　　（借方）貯 　 蔵 　 品　7,000　（貸方）通 信 運 搬 費　7,000
　　【資金収支元帳上の仕訳】
　　（借方）支 払 資 金　7,000　（貸方）通信運搬費支出　7,000

＜第2法＞

① 【総勘定元帳上の仕訳】

　　（借方）貯　　蔵　　品　50,000　（貸方）現　金　預　金　50,000

　　【資金収支元帳上の仕訳】

　　（借方）支　払　資　金　50,000　（貸方）支　払　資　金　50,000

② 【総勘定元帳上の仕訳】

　　（借方）通　信　運　搬　費　43,000　（貸方）貯　　蔵　　品　43,000

　　【資金収支元帳上の仕訳】

　　（借方）通信運搬費支出　43,000　（貸方）支　払　資　金　43,000

　＜第1法＞は購入時に費用計上し、決算整理で未使用金額を資産に振り替える方法です。これに対し＜第2法＞は購入時に資産計上し、決算整理で使用金額を費用に振り替える方法です。いずれの方法で処理したとしても資金収支計算書、事業活動計算書、貸借対照表上の金額は変わりません。

	【第1法】		【第2法】	
資金収支計算書	通信運搬費支出	43,000	通信運搬費支出	43,000
事業活動計算書	通信運搬費	43,000	通信運搬費	43,000
貸借対照表	貯　蔵　品	7,000	貯　蔵　品	7,000

(6) 立　替　金

　① 期末残高の各内訳に関して、その内容を表す証憑書類と照合しているか。

　② 長期間回収が滞留しているものについて、その理由、回収の見込の有無を検討しているか。

　立替金に計上され翌会計年度以降へ繰り越される取引として、本来利用者負担する金額の立替分、産休職員等に係る社会保険料の法人立替分等があります。

(7)　前 払 費 用

> ①　前払費用に計上されている金額は、翌会計年度以降の期間に対応する金額となっているか。

　前払費用とは、契約等で継続的にサービス等を受けることとなっている場合に、未だ到来していない期間に対応する費用の金額を資産に計上する際に使用する貸借対照表上の勘定科目です。前払費用の計上に関する処理としては、次の２つの方法があります。

　設例）①　×１年９月１日に×１年９月１日から×２年８月31日までの施設建物に係る火災保険料480,000円を支払った。
　　　　②　×２年３月31日現在で火災保険料の契約期間のうち、未経過期間に対応する金額を前払費用に計上した（決算整理）。

＜第１法＞
①【総勘定元帳上の仕訳】
　（借方）保　　　険　　　料 480,000　（貸方）現　金　預　金 480,000
【資金収支元帳上の仕訳】
　（借方）保 険 料 支 出 480,000　（貸方）支　払　資　金 480,000
②【総勘定元帳上の仕訳】
　（借方）前　払　費　用 200,000　（貸方）保　　　険　　　料 200,000

【資金収支元帳上の仕訳】

(借方) 支 払 資 金 200,000 (貸方) 保 険 料 支 出 200,000

＜第2法＞

① 【総勘定元帳上の仕訳】

(借方) 前 払 費 用 480,000 (貸方) 現 金 預 金 480,000

【資金収支元帳上の仕訳】

(借方) 支 払 資 金 480,000 (貸方) 支 払 資 金 480,000

② 【総勘定元帳上の仕訳】

(借方) 保 険 料 280,000 (貸方) 前 払 費 用 280,000

【資金収支元帳上の仕訳】

(借方) 保 険 料 支 出 280,000 (貸方) 支 払 資 金 280,000

　＜第1法＞は支払時に費用計上し、決算整理で未経過期間に対応する金額を資産に振り替える方法です。これに対し＜第2法＞は支払時に資産計上し、決算整理で経過期間に対応する金額を費用に振り替える方法です。いずれの方法で処理したとしても資金収支計算書、事業活動計算書、貸借対照表上の金額は変わりません。

	【第1法】	【第2法】
資金収支計算書	保険料支出　　280,000	保険料支出　　280,000
事業活動計算書	保 険 料　　280,000	保 険 料　　280,000
貸借対照表	前 払 費 用　　200,000	前 払 費 用　　200,000

(8) 仮 払 金

> ①　期末残高について、仮払金として貸借対照表に表示することの適否について検討しているか。

② 長期間回収が滞留しているものについて、その理由、回収の見込の有無を検討しているか。

　仮払金とは、処理すべき科目又は金額が確定しない場合の支出額を一時的に処理する勘定科目であるため、原則として翌会計年度に繰り越されることはありません。そのため、決算日現在の貸借対照表上、仮払金が計上されている場合には、翌会計年度に繰り越すことは適当か否か十分に検討する必要があります。

(9)　固定資産

① 増加資産について、請求書・見積書等により、その内容・金額等を確認しているか。

② 増加資産に関する取得価額の決定を適切に行っているか。

③ 増加資産に関する耐用年数の決定を適切に行っているか。

④ 増加資産に関する減価償却の開始時期は、事業の用に供された時点となっているか。

⑤ 修繕費等に計上されている取引の中に、資本的支出に該当するもの（固定資産に計上するもの）が含まれていないか。

⑥ 減少資産について、請求書・領収書等により、その内容・金額等を確かめているか。

⑦ 売却等をした固定資産に関する処理は適切に行われているか。

⑧ 試算表の各固定資産の期末残高は、固定資産管理台帳等の期末帳簿価額に一致しているか。

⑨ 固定資産管理責任者は、毎会計年度末現在における固定資産の保管現在高及び使用中のものについて、使用状況を調査、確認し

固定資産現在高報告書を作成し、これを会計責任者に提出しているか。
⑩　固定資産の処分に関する手続は、経理規程に従って適切に行われているか。
⑪　減価償却費計上金額は、固定資産管理台帳の当期償却額に一致しているか。

　減価償却については、111ページを参照してください。なお、減価償却の開始の時期は、減価償却の対象となる資産を取得した日（代金の支払を行った日）ではなく、当該資産を事業に用に供した日（使用した日）であることに留意が必要です。

　決算整理手続の中で、修繕費、消耗器具備品費、事務消耗品費等の年間の総勘定元帳を確認し、各勘定科目に計上されている取引の中に固定資産に計上し、減価償却する必要がある取引が含まれていないか確認が必要です。

　また、モデル経理規程では、固定資産の現在高報告に関して次のような規定を設けています。

第54条　固定資産管理責任者は、毎会計年度末現在における固定資産の保管現在高及び使用中のものについて、使用状況を調査、確認し固定資産現在高報告書を作成し、これを会計責任者に提出しなければならない。
2　会計責任者は、前項の固定資産現在高報告書と固定資産管理台帳を照合し、必要な記録の修正を行うとともに、その結果を統括会計責任者及び理事長に報告しなければならない。

　すなわち、モデル経理規程では、最低1年に1回は固定資産の現物確認を行うことを規定しています。この現物確認の結果、固定資産の処分又は除却が必要な事実が確認できた場合には、次のモデル経理規程の規定に基づき法人内部での手続を経た上で固定資産の減少の処理を行うことになります。

　第53条　基本財産である固定資産の増加又は減少（第55条に規定する減価償却等に伴う評価の減少を除く）については、事前に理事会及び評議員会の承認を得なければならない。

2　基本財産以外の固定資産の増加又は減少については、事前に理事長の承認を得なければならない。ただし、法人運営に重大な影響があるものは理事会の承認を得なければならない。

3　固定資産は、適正な対価なくしてこれを貸し付け、譲り渡し、交換し、又は他に使用させてはならない。ただし、理事長が特に必要があると認めた場合はこの限りでない。

　さらに、減価償却を行った各固定資産の試算表の期末残高が、固定資産台帳や減価償却明細書等の「期末帳簿価額」の金額と一致していることを確認する必要があります。

⑽　借　入　金

---

①　試算表の各借入金残高は、金融機関等発行の残高証明書残高と一致しているか。

②　借入金に関する勘定科目は適切に使い分けられているか。

③　貸借対照表日の翌日から起算して1年以内に支払期限が到来する借入金の残高は流動負債に振り替えられているか。

　社会福祉法人会計基準では、借入金に関する勘定科目としては以下の

ものがあります。具体的には、借入金の取引内容に基づき以下の勘定科目の使い分けを行います。

短期運営資金借入金 （流動負債）	経常経費に係る外部からの借入金で、貸借対照表日の翌日から起算して1年以内に支払の期限が到来するものをいう。
設備資金借入金 （固定負債）	施設設備等に係る外部からの借入金で、貸借対照表日の翌日から起算して支払の期限が1年を超えて到来するものをいう。
長期運営資金借入金 （固定負債）	経常経費に係る外部からの借入金で、貸借対照表日の翌日から起算して支払の期限が1年を超えて到来するものをいう。
役員等長期借入金 （固定負債）	役員（評議員を含む）からの借入金で貸借対照表日の翌日から起算して支払の期限が1年を超えて到来するものをいう。
事業区分間長期借入金 （固定負債）	他の事業区分からの借入金で貸借対照表日の翌日から起算して支払の期限が1年を超えて到来するものをいう。
拠点区分間長期借入金 （固定負債）	同一事業区分内における他の拠点区分からの借入金で貸借対照表日の翌日から起算して支払の期限が1年を超えて到来するものをいう。

＊　流動負債とは貸借対照表日（決算期末日）から起算して1年以内に支払期限が到来する負債をいい、固定負債とは借対照表日（決算期末日）から起算して1年を超えて支払期限が到来する負債をいいます。

　また、社会福祉法人会計基準では、固定負債に計上されている負債のうち、貸借対照表日の翌日から起算して1年以内に支払期限が到来する負債の残高は流動負債に振り替えなければならないとされています。具体的な仕訳処理は以下のとおりです。

（借方）設備資金借入金　×××　（貸方）1年以内返済予定設備資金借入金　×××

(11)　事業未払金

> ①　総勘定元帳残高に関して、内訳明細を作成しているか。
> ②　①の内訳明細の各残高と残高確認書・請求書等と照合しているか。

　決算期末の事業未払残高については、必ず内訳明細を作成し、仕入業者ごとに請求書等の根拠資料の金額と一致していることを必ず確認します。

⑿　職員預り金

> ①　総勘定元帳残高に関して、内訳明細を作成しているか。
> ②　所得税、住民税、社会保険料として預り金に計上している金額を給料計算表、納付書等と照合しているか。

　決算期末の職員預り金については、必ず内訳明細を作成し、項目ごとに給料計算表等の根拠資料の金額と一致していることを必ず確認します。

⒀　基　本　金

> ①　基本金組入対象となる寄附金の基本金組入れは適切に行われているか。
> ②　基本金の取崩しが行われている場合に、取崩理由を検討し、処理の妥当性を判断しているか。

　前述したとおり一定の条件を満たす寄附金を受領した場合、基本金への組入れを行わなければなりません。そのため、決算整理手続において、事業活動計算書上、「特別増減の部・収益・施設整備等寄附金収益」が計上されている場合、特別増減の部・費用・基本金組入額に同額が計上されているか必ず確認します。

⑴ 国庫補助金等特別積立金

> ① 国庫補助金等特別積立金の積立対象となる補助金の国庫補助金
> 等特別積立金積立ては適切に行われているか。
> ② 国庫補助金等特別積立金の期末残高は、固定資産管理台帳（借
> 入金元金償還補助金を除く）・国庫補助金等特別積立金期末帳簿
> 価額及び国庫補助金等特別積立金明細表・当期末残高と一致して
> いるか。

前述したとおり一定の条件を満たす寄附金を受領した場合、基本金へ
の組入れを行わなければなりません。そのため、決算整理手続において、
事業活動計算書上、「特別増減の部・収益・施設整備等寄附金収益」が
計上されている場合、特別増減の部・費用・基本金組入額に同額が計上
されているか必ず確認します。

⑮ 計算書類の整合性

> ① 貸借対照表の純資産の部の「次期繰越活動増減差額」の金額は、
> 事業活動計算書の末尾の「次期繰越活動増減差額」の金額と一致
> しているか。
> ② 資金収支計算書の末尾の「当期末支払資金残高」は、貸借対照
> 表の流動資産合計から流動負債合計を除いた金額（1年基準によ
> り固定資産又は固定負債から振り替えられたもの、引当金並びに
> 棚卸資産（貯蔵品を除く）を除く）に一致しているか。

最終的な計算書類が完成したら必ず資金収支計算書、事業活動計算書、
貸借対照表の3表の整合性を確認します。

ポイント１：貸借対照表の純資産の部の「次期繰越活動増減差額」の
　　　　　　金額は、事業活動計算書の末尾の「次期繰越活動増減差
　　　　　　額」の金額と一致しているか。

この点は特に電卓等を入れる必要がなく、目視にて確認ができます。

事 業 活 動 計 算 書

（自）令和○年○月○日　　（至）令和○年○月○日

1．サービス活動増減の部

サービス活動収益	×××
サービス活動費用	×××
サービス活動増減差額　①	××

2．サービス活動外増減の部

サービス活動外収益	×××
サービス活動外費用	×××
サービス活動外増減差額　②	××
経常増減差額　③（①＋②）	××

3．特別増減の部

特別収益	×××
特別費用	×××
特別増減差額　④	××
当期活動増減差額　⑤（③＋④）	××

4．繰越活動収支差額の部

前期繰越活動増減差額　⑥	××
当期末繰越活動収支差額　⑦（⑤＋⑥）	××
基本金取崩額　⑧	××
その他の積立金取崩額　⑨	××
その他の積立金繰入額　⑩	××
次期繰越活動増減差額⑦＋⑧＋⑨－⑩	××

貸 借 対 照 表

令和○年○月○日現在

資産	流 動 資 産		負債	流 動 負 債
	固定資産	基 本 財 産		固 定 負 債
			純資産	基 本 金
		その他の固定資産		国庫補助金等特別積立金
				その他の積立金
				次期繰越活動増減差額

一致

168

ポイント2：資金収支計算書の末尾の「当期末支払資金残高」は、貸借対照表の流動資産合計から流動負債合計を除いた金額（1年基準により固定資産又は固定負債から振り替えられたもの、引当金並びに棚卸資産（貯蔵品を除く）を除く）に一致しているか。

この点は、目視での確認が困難です。

その理由は、資金収支計算書上の支払資金の範囲が問題となるためです。

流動資産又は流動負債が増減する取引については、資金収支元帳上の仕訳が必要となることは前述しました。しかし、厳密には流動資産又は流動負債に属する全ての勘定科目について資金収支元帳上の仕訳が必要となるわけではありません。資金収支計算書の支払資金の範囲に含まれる流動資産又は流動負債が増減した場合に資金収支元帳上の仕訳が必要となります。

流動資産及び流動負債に属する勘定科目ごとの資金の範囲に含まれるか否かについて、整理すると下表のとおりです。

勘 定 科 目	資金の範囲
現 金 預 金	○
有 価 証 券	○
事業未収金	○
未 収 金	○
未収補助金	○
未 収 収 益	○
受 取 手 形	○
貯 蔵 品	○
医 薬 品	×
診療・療養費等材料	×
給食用材料	×
商品・製品	×

勘　定　科　目	資金の範囲
仕　掛　品	×
原　材　料	×
立　替　金	○
前　払　金	○
前　払　費　用	○
1年以内回収予定長期貸付金	×
1年以内回収予定事業区分間長期貸付金	×
1年以内回収予定拠点区分間長期貸付金	×
短期貸付金	○
事業区分間貸付金	○
拠点区分間貸付金	○
仮　払　金	○
その他の流動資産	○
徴収不能引当金	×

勘　定　科　目	資金の範囲
短期運営資金借入金	○
事業未払金	○
その他の未払金	○
支　払　手　形	○
役員等短期借入金	○
1年以内返済予定設備資金借入金	×
1年以内返済予定長期運営資金借入金	×
1年以内返済予定リース債務	×
1年以内返済予定事業区分間借入金	×
1年以内返済予定拠点区分間借入金	×
1年以内支払予定長期未払金	×
未　払　費　用	○
預　り　金	○
職員預り金	○
前　受　金	○
前　受　収　益	○
事業区分間借入金	○
拠点区分間借入金	○
仮　受　金	○
賞与引当金	×
その他の流動負債	○

（○；資金の範囲に含まれる、×；資金の範囲に含まれない）

　　具体的には、貸借対照表に基づき計算した下表Cの金額が、資金収支

計算書の「当期末支払資金残高」に一致していることを確認します。

流動資産合計		×××
医薬品	▲ ×××	
診療・療養費等材料	▲ ×××	
給食用材料	▲ ×××	
商品・製品	▲ ×××	
仕掛品	▲ ×××	
原材料	▲ ×××	
１年以内回収予定長期貸付金	▲ ×××	
１年以内回収予定事業区分間長期貸付金	▲ ×××	
１年以内回収予定拠点区分間長期貸付金	▲ ×××	
徴収不能引当金	▲ ×××	▲ ×××
合　計（A）		×××
流動負債合計		×××
１年以内返済予定設備資金借入金	▲ ×××	
１年以内返済予定長期運営資金借入金	▲ ×××	
１年以内返済予定リース債務	▲ ×××	
１年以内返済予定事業区分間借入金	▲ ×××	
１年以内返済予定拠点区分間借入金	▲ ×××	
１年以内支払予定長期未払金	▲ ×××	▲ ×××
合　計（B）		×××
差　引（C；A－B）		×××

資 金 収 支 計 算 書

（自）令和○年○月○日　　　（至）令和○年○月○日

１．事業活動による収支
　　　　事業活動収入　　　　　　　　　　　　　×××
　　　　事業活動支出　　　　　　　　　　　　　×××
　　　　　　経常活動資金収支差額　　①　　　　××
２．施設整備等による収支
　　　　施設整備等収入　　　　　　　　　　　　×××
　　　　施設整備等支出　　　　　　　　　　　　×××
　　　　　　施設整備等資金収支差額　　②　　　××
３．その他の活動による収支
　　　　その他の活動収入　　　　　　　　　　　×××
　　　　その他の活動支出　　　　　　　　　　　×××
　　　　　　その他の活動資金収支差額　　③　　××
　　　　当期資金収支差額合計　　①＋②＋③　　××
　　　　　　前期未払資金残高　　　　　　　　　××
　　　　　　当期未払資金残高　　　　　　　　　××

一致

1．介護保険事業

大区分科目	中区分科目	小区分科目
介護保険事業収益	施設介護料収益	介護報酬収益 利用者負担金収益（公費） 利用者負担金収益（一般）
	居宅介護料収益	（介護報酬収益） 介護報酬収益 介護予防報酬収益 （利用者負担金収益） 介護負担金収益（公費） 介護負担金収益（一般） 介護予防負担金収益（公費） 介護予防負担金収益（一般）
	地域密着型介護料収益	（介護報酬収益） 介護報酬収益 介護予防報酬収益 （利用者負担金収益） 介護負担金収益（公費） 介護負担金収益（一般） 介護予防負担金収益（公費） 介護予防負担金収益（一般）
	居宅介護支援介護料収益	居宅介護支援介護料収益 介護予防支援介護料収益
	介護予防・日常生活支援 総合事業収益	事業費収益 事業負担金収益（公費） 事業負担金収益（一般）
	利用者等利用料収益	施設サービス利用料収益 居宅介護サービス利用料収益 地域密着型介護サービス利用料収益 食費収益（公費） 食費収益（一般） 食費収益（特定） 居住費収益（公費） 居住費収益（一般） 居住費収益（特定） 介護予防・日常生活支援総合事業利用 料収益

		その他の利用料収益
	その他の事業収益	補助金事業収益（公費） 補助金事業収益（一般） 市町村特別事業収益（公費） 市町村特別事業収益（一般） 受託事業収益（公費） 受託事業収益（一般） その他の事業収益
	（保険等査定減）	

2．障害福祉サービス等事業

大区分科目	中区分科目	小区分科目
障害福祉サービス等事業収益	自立支援給付費収益	介護給付費収益 特例介護給付費収益 訓練等給付費収益 特例訓練等給付費収益 地域相談支援給付費収益 特例地域相談支援給付費収益 計画相談支援給付費収益 特例計画相談支援給付費収益
	障害児施設給付費収益	障害児通所給付費収益 障害児入所給付費収益 障害児相談支援給付費収益 特例障害児相談支援給付費収益
	利用者負担金収益	
	補足給付費収益	特定障害者特別給付費収益 特例特定障害者特別給付費収益 特定入所障害児食費等給付費収益
	特定費用収益	
	その他の事業収益	補助金事業収益（公費） 補助金事業収益（一般） 受託事業収益（公費） 受託事業収益（一般） その他の事業収益
	（保険等査定減）	

3．保 育 事 業

大区分科目	中区分科目	小区分科目
保育事業収益	施設型給付費収益	施設型給付費収益 利用者負担金収益
	特例施設型給付費収益	特例施設型給付費収益 利用者負担金収益
	地域型保育給付費収益	地域型保育給付費収益 利用者負担金収益
	特例地域型保育給付費収益	特例地域型保育給付費収益 利用者負担金収益
	委託費収益	
	利用者等利用料収益	利用者等利用料収益（公費） 利用者等利用料収益（一般） その他の利用料収益
	私的契約利用料収益	
	その他の事業収益	補助金事業収益（公費） 補助金事業収益（一般） 受託事業収益（公費） 受託事業収益（一般） その他の事業収益

著者紹介

岩波　一泰（いわなみ　かずやす）

公認会計士・税理士。1967年生まれ。1997年公認会計士・税理士登録。監査法人アシスト代表社員。岩波公認会計士事務所所長。2006年厚生労働省「授産会計見直し小委員会」委員。2010～2011年日本公認会計士協会「非営利法人委員会」社会福祉法人会計専門部会長。現在，日本公認会計士協会「非営利法人委員会」業務支援専門部会社会福祉法人分科会専門委員，日本公認会計士協会埼玉会医療法人委員会委員長，社会福祉法人埼玉県社会福祉協議会経営相談員。

【主要著書】「社会福祉法人の事務処理体制の向上支援業務」（税務経理協会），『社会福祉法人の会計・税務・監査』（税務研究会出版局，共著），『市町村社会福祉協議会の会計』（筒井書房，共著），『介護保険事業の会計の区分と消費税・医療費控除』（厚生科学研究所，共著）など

著者との契約により検印省略

令和元年11月30日 初版第1刷発行

初めての
社会福祉法人会計

著　者　岩　波　一　泰
発 行 者　大　坪　克　行
印 刷 所　税経印刷株式会社
製 本 所　株式会社三森製本所

発 行 所　〒161-0033 東京都新宿区
　　　　　下落合2丁目5番13号

株式
会社　税務経理協会

振　替　00190-2-187408
ＦＡＸ　(03)3565-3391

電話　(03)3953-3301（編集部）
　　　(03)3953-3325（営業部）

URL　http://www.zeikei.co.jp/
乱丁・落丁の場合は，お取替えいたします。

ISBN978-4-419-06651-2　C3034